Las cartas de la tribulación

Jorge Mario Bergoglio
Francisco

Las cartas
de la tribulación

Edición de
Antonio Spadaro y Diego Fares

Herder

Traducción: Roberto H. Bernet (Introducción de A. Spadaro y artículo de J. Hanvey)
Ernesto Dann Obregón S.I. (Cartas de los PP. Generales)

© 2018, La Civiltà Cattolica, Roma
© 2018, Libreria Editrice Vaticana, Ciudad del Vaticano
© 2019, Herder Editorial, S.L., Barcelona

ISBN: 978-84-254-4292-6

Imprenta: Sagrafic
Depósito legal: B-979-2019

Impreso en España – Printed in Spain

Herder
www.herdereditorial.com

ÍNDICE

Segunda parte
LAS TRIBULACIONES DE HOY

Francisco
«La herida abierta, dolorosa y compleja de la pedofilia»
Cuatro cartas a la Iglesia de Chile

Francisco
«Erradicar la cultura del abuso»
Carta al Pueblo de Dios

PREFACIO

Recuerdo que cuando conferí con el padre Miguel Ángel Fiorito S.I. el borrador del prólogo que había escrito para la primera edición de *Las cartas de la tribulación*, el Maestro (así le llamábamos porque lo era y lo sigue siendo, ya que supo formar una Escuela de discernimiento), me hizo explicitar un poco más el último párrafo, donde hablaba de hacer recurso a la acusación de mí mismo (cfr. EE 48). Se trataba de discernir y afrontar bien la vergüenza y confusión que reinan afuera, cuando el Maligno desata una persecución encarnizada contra los hijos de la Iglesia, oponiéndole la sana vergüenza y confusión, que la infinita Misericordia del Señor y su Lealtad hacen sentir al que pide perdón por sus pecados. «Hay una gracia allí —me dijo—. Explicítela».

30 años después y en otro contexto (aunque la Guerra es la misma y es solo del Señor), la reedición de estas *Cartas* —que «son un tratado de discernimiento en épocas de confusión y tribulación»—, nos encuentra abocados, resueltamente, junto con otros compañeros que aportan sus reflexiones en el libro, a seguir cumpliendo este encargo —ahora con sabor a profecía de anciano—, de «explicitar una gracia».

Siento que el Señor me pide compartirlas de nuevo. Compartirlas con todos los que sienten que lo que quieren

—en medio de la confusión que el padre de la mentira sabe sembrar en sus persecuciones— es luchar bien. Libres de ese victimismo al que es tentador rendirse y que, lo sabemos, esconde en su seno el resorte de la venganza, que no hace sino alimentar el mal que pretende eliminar.

Contra toda tentación de confusión y derrotismo, hace bien volver a sentir el espíritu paternal de nuestros mayores que late en estas *Cartas de la Tribulación*. Ellos nos enseñan a elegir la consolación en los momentos de mayor desolación.

Recomiendo leerlas y rezar con ellas. Estas *Cartas* son —lo fueron para muchos en momentos particulares de sus vidas— verdadera fuente de mansedumbre, coraje y lúcida esperanza.

FRANCISCO

INTRODUCCIÓN

Antonio Spadaro S.I.

En la Navidad de 1987, el P. Jorge Mario Bergoglio firmó un breve prólogo a una colección de ocho cartas de dos padres generales de la Compañía de Jesús.[1] Siete son del padre general Lorenzo Ricci, escritas entre 1758 y 1773, y una del padre general Jan Roothaan, de 1831. Las cartas nos hablan de una gran tribulación: la supresión de la Compañía de Jesús. En efecto, con el breve apostólico *Dominus ac Redemptor* (21 de julio de 1773), el papa Clemente XIV había decidido suprimir la orden como resultado de una serie de movimientos políticos. Posteriormente, en agosto de 1814, en la capilla de la Congregación de los Nobles en Roma, el papa Pío VII hizo leer la bula *Sollicitudo omnium ecclesiarum*, con la cual se restauraba la Compañía de Jesús a todos los efectos.

En 1986, el entonces P. Bergoglio —terminado su período como provincial y, después, como rector del Colegio Máximo y párroco en San Miguel—, fue a Alemania para tener un año de estudios. De regreso en Buenos Aires, prosiguió

---

1   *Las cartas de la tribulación*, Buenos Aires, Diego de Torres, 1988.

sus estudios y enseñó Teología Pastoral. Entretanto, la Compañía de Jesús preparaba la LXVI Congregación de Procuradores, que se realizó entre el 27 de septiembre y el 5 de octubre de 1987. La Provincia argentina eligió a Bergoglio «procurador», enviándolo a Roma con la tarea de informar del estado de la Provincia, de discutir con los otros procuradores elegidos de las distintas Provincias sobre el estado de la Compañía, y de votar acerca de la oportunidad de convocar una Congregación General de la orden.

Fue en este contexto donde Bergoglio decidió meditar y presentar de nuevo aquellas cartas de los padres Ricci y Roothaan, porque, a su juicio, eran relevantes y de actualidad para la Compañía. Y para ello escribió un texto a manera de prólogo, que firmó tres meses después, que se extendía por más de dos mil palabras, la mitad de las cuales eran notas.

Antes de publicar el conjunto, había hablado y discutido su propio texto con el P. Miguel Ángel Fiorito, padre espiritual y, de hecho, maestro y guía de una generación de jesuitas.[2]

Hoy volvemos a presentar este texto, que entretanto había dejado de estar disponible y había sido republicado recientemente por *La Civiltà Cattolica Iberoamericana*.[3] Presentamos también las cartas de los prepósitos generales a los que el texto de Bergoglio hace referencia tal como fueron publicadas en traducción al español en 1987.

2   J.L. Narvaja, «Miguel Ángel Fiorito. Una reflexión sobre la religiosidad popular en el entorno de Jorge Bergoglio», en *La Civiltà Cattolica Iberoamericana* II, 2018, n. 16, pp. 66-77.

3   J.M. Bergoglio, «La doctrina de la tribulación», en *La Civiltà Cattolica Iberoamericana* II, 2018, n. 16, pp. 15-21.

Francisco no ha dejado de hacer referencia en estos años a estas cartas y a sus mismas reflexiones de entonces. Por ejemplo, aunque sin referencias explícitas, ellas han constituido claramente la espina dorsal de su importante homilía para la celebración de las vísperas en la iglesia del Gesù, Roma, en 2014, en ocasión del 200 aniversario de la restitución de la Compañía de Jesús.

La ocasión más reciente fue la charla privada con los jesuitas durante su viaje a Perú.[4] En esa ocasión Francisco afirmó que las cartas de los padres Ricci y Roothaan «son una maravilla de criterios de discernimiento, de criterios de acción para no dejarse chupar por la desolación institucional».

También hizo referencia explícita a las cartas cuando habló a los sacerdotes, religiosos y religiosas, consagrados y seminaristas en Santiago de Chile, el 16 de enero de 2018. En esa ocasión invitó a encontrar el camino a seguir «en los momentos en los que la polvareda de las persecuciones, tribulaciones, dudas, etc., es levantada por acontecimientos culturales e históricos» y la tentación es «quedarse rumiando la desolación».

Claramente, Francisco quería decir a la Iglesia de Chile una palabra en tiempo de desolación y de «torbellino de conflictos». Del mismo modo en que en aquella ocasión —haciendo siempre referencia a esas cartas— habló de Pedro. Con la pregunta «¿Me amas?», Jesús tenía la intención de liberar a Pedro de «no aceptar con serenidad las contradicciones o las críticas. Quiere liberarlo de la tristeza y es-

---

4 Francisco, «"¿Dónde es que nuestro pueblo ha sido creativo?". Conversaciones con los jesuitas de Chile y Perú», en *La Civiltà Cattolica Iberoamericana* II, 2018, n. 14, pp. 7-23.

pecialmente del mal humor. Con esa pregunta, Jesús invita a Pedro a que escuche su corazón y aprenda a discernir». En síntesis, Jesús quiere evitar que Pedro se convierta en un destructor, en un mentiroso caritativo o en un perplejo paralizado. Jesús insiste hasta que Pedro le da una respuesta realista: «Señor, tú lo sabes todo; tú sabes que te quiero» (Jn 21,17). Así, Jesús lo confirma en la misión. Y de este modo lo hace convertirse en su apóstol de manera definitiva.

Estas cartas y las reflexiones que las acompañan son relevantes para comprender cómo siente Bergoglio que debe de obrar como sucesor de Pedro, es decir, como Francisco.

Son palabras que él le dice hoy a la Iglesia, repitiéndoselas, antes que nada, a sí mismo. Y sobre todo son palabras que el Papa considera fundamentales hoy para que la Iglesia esté hoy en condiciones de afrontar tiempos de desolación, de turbación, de polémicas falsas y antievangélicas.

¿Cuál es el contexto de las «cartas de la tribulación» de hoy, propuestas en la segunda parte de este libro? Después de su viaje a Chile y Perú (15-22 de enero de 2018), Francisco, rechazando la lógica del «chivo expiatorio», asumió en primera persona la responsabilidad y la «vergüenza» del escándalo de los abusos a menores cometidos por prelados en Chile y de su gestión. Con este espíritu, al regresar a Roma el Papa constituyó una comisión especial bajo la conducción de S. E. Mons. Charles J. Scicluna para escuchar directamente los testimonios de las víctimas y reunir documentación.

Después de la visita a Chile y de la relación de dicha «misión especial», el papa Francisco convocó mediante una carta fechada el 8 de abril de 2018 a todos los obispos chilenos a Roma «para dialogar sobre las conclusiones de la mencionada visita y mis conclusiones». Es justamente el escrito de hace treinta y un años el que generó esta nueva «carta de la tribulación».

Al comenzar el encuentro, que se produjo concretamente entre el 15 y el 17 de mayo de 2018, el Papa entregó a los obispos una nueva carta de diez páginas, de por sí no destinada a la divulgación, pero que después fue dada a conocer por la emisora televisiva Canal 13. En este volumen ofrecemos dicho texto.

Al final del encuentro Francisco entregó a los obispos una breve carta pública y les confió una carta al «Pueblo de Dios que peregrina en Chile», que también publicamos en nuestra documentación.

Cierra la segunda parte de este libro la *Carta al Pueblo de Dios* del 20 de agosto de 2018, publicada después de la difusión del informe sobre los casos de pedofilia en las diócesis de Pensilvania, en Estados Unidos.

Las cartas de la tribulación es un volumen epistolar gestado en el tiempo y en la confrontación con situaciones difíciles. Revela mucho de Francisco y de su modo de afrontar el tiempo de la desolación.

La lectura de los textos de Francisco está acompañada por una sólida guía de lectura de dos jesuitas: el P. Diego Fares, de *La Civiltà Cattolica*, que conoce al Papa desde hace mucho tiempo y que ha estado junto a él también en los tiempos de desolación; y el P. James Hanvey, de la Universidad de Oxford, que ha escrito una aguda reflexión sobre la *Carta al Pueblo de Dios* acerca de los abusos.

Pero el mismo papa Francisco ha decidido escribir un prefacio suyo a este libro, para subrayar el significado actual de los textos por él propuestos en el ya lejano 1987. «Siento que el Señor me pide compartirlos de nuevo», escribe. Confirma que las cartas de los padres generales constituyen un tratado de discernimiento en los momentos de confusión y de angustia y expresa «el espíritu paternal de nuestros mayores que late [en las cartas]» y «nos enseña a elegir la consolación».

Ellas constituyen así una unidad con las otras cuatro cartas escritas por Francisco en el presente.

La primera idea de esta colección —bajo la forma de republicación del opúsculo original de 1987— me vino durante el vuelo de regreso del viaje a Chile y Perú. Después se vio confirmada a la luz de las «cartas de la tribulación» que el Papa escribió a los obispos de Chile y al Pueblo de Dios. Tomó cuerpo en el diálogo con el P. Diego Fares, que compuso los aparatos de comentario, y, por último, recibió su aprobación final por el mismo Francisco el 8 de noviembre de 2018, acompañada por su prefacio, con el cual la ofrece no solamente a la lectura, sino sobre todo a la oración.

Primera parte

LAS TRIBULACIONES DE AYER

LA DOCTRINA DE LA TRIBULACIÓN

Jorge Mario Bergoglio S.I.

Los escritos que siguen tienen por autor a dos padres generales de la Compañía de Jesús: el P. Lorenzo Ricci (elegido general en 1758) y el P. Jan Roothaan (elegido en 1829). Ambos han debido conducir la Compañía en tiempos difíciles, de persecuciones. Durante el generalato del P. Ricci se llevó a cabo la supresión de la Compañía por parte del papa Clemente XIV. Desde hacía mucho tiempo las cortes borbónicas venían «exigiendo» esta medida. El Papa Clemente XIII confirmó el Instituto fundado por san Ignacio; sin embargo, los embates borbónicos no cejaron hasta la publicación del Breve *Dominus ac Redemptor,* de 1773, en el cual la Compañía de Jesús quedaba suprimida.[1]

---

1 Las interpretaciones históricas sobre la conducta del Papa Clemente XIV son variadas. El punto de vista de cada una de ellas parte siempre de alguna realidad objetiva. Pienso que no siempre es acertado el hecho de absolutizar esa verdad transformándola en la única clave interpretativa. Un buen compendio sobre el tema se puede encontrar en G. Martina, *La Iglesia, de Lutero a nuestros días,* 4 vols., Madrid, Cristiandad, 1974; vol. II, pp. 271-287. Igualmente, aporta abundante bibliografía. El juicio que de Clemente XIV hace Pastor en su *Historia de los Papas* (vol. XXXVII) es sumamente duro. Por ejemplo, «la debilidad de carácter de Clemente XIV da la clave para entender su táctica de ceder en todo lo posible a las exigencias de las cortes borbónicas y de resta-

También al P. Roothaan le tocaron tiempos difíciles: el liberalismo y toda la corriente de la Ilustración que desembocaba en la «modernidad». En ambos casos, en el del P. Ricci y en el del P. Roothaan, la Compañía era atacada principalmente por su devoción a la Sede Apostólica: se trataba de «un tiro por elevación». No faltaban, con todo, deficiencias dentro de las filas jesuitas.

No es el caso detallar aquí más que los hechos históricos. Baste lo dicho para encuadrar la época de los dos padres generales. Lo importante es tener en cuenta que, en ambos casos, la Compañía de Jesús *sufría tribulación;* y las cartas que siguen son *la doctrina sobre la tribulación* que ambos superiores recuerdan a sus súbditos. Constituyen un tratado acerca de la tribulación y el modo de sobrellevarla.

---

blecer la paz por este medio...» (p. 90). «La cualidad más fatal del nuevo Papa: la debilidad y la timidez, con las cuales andaban parejas su doblez y lentitud» (p. 82). «A Clemente XIV le falta valor y firmeza; en todas sus resoluciones es lento hasta un extremo increíble. Cautiva a la gente con bellas palabras y promesas, la engaña y la fascina. Al principio promete cielo y tierra, mas luego pone dificultades y difiere la solución, según costumbre romana, quedando al fin triunfante. De esta suerte, todos terminan por quedar prendidos en sus redes. Se da traza admirable para eludir toda decisión en sus contestaciones a los embajadores; los despide con buenas palabras y halagüeñas esperanzas que luego no se realizan. Quien pretenda conseguir una gracia ha de procurar lograrla en la primera audiencia. Por lo demás, un embajador perspicaz puede descubrir su doble juego, porque es muy propenso a hablar» (pp. 82-83). Estos son juicios que Pastor toma de documentaciones de la época, y si bien su opinión sobre el papa Ganganelli termina siendo negativa, lo es mucho más la que sostiene sobre su secretario, fray Bontempi, también fraile menor conventual, a quien «carga» prácticamente gran parte de la responsabilidad de los errores de Ganganelli. Bontempi —según Pastor— trató simoníacamente con el embajador español la supresión de la Compañía. Logró que Clemente XIV lo nombrara cardenal *in pectore,* pero fracasó cuando le exigió, en el lecho de muerte, la publicación del cardenalato. Pastor lo presenta como un sujeto ambicioso, sin escrúpulos, que se mueve entre bambalinas, y que procura «quedar bien»; de tal modo que prepara así su futuro.

En momentos de turbación, en los que la polvareda de las persecuciones, tribulaciones, dudas, etc., es levantada por los acontecimientos culturales e históricos, no es fácil atinar con el camino a seguir. Hay varias tentaciones propias de ese tiempo: discutir las ideas, no darle la debida importancia al asunto, fijarse demasiado en los perseguidores y quedarse rumiando allí la desolación, etc. En las cartas que siguen vemos cómo ambos padres generales salen al paso de tales tentaciones, y proponen a los jesuitas la *doctrina* que los fragua en la propia espiritualidad[2] y fortalece su pertenen-

2   El P. José de Guibert S.I., en su obra *La Espiritualidad de la Compañía de Jesús* (Santander, Sal Terrae, 1955) afirma: «En consonancia con esto [se refiere al Decreto 11 de la Congregación General XIX, que eligió al P. Ricci como General] se halla la emocionante serie de cartas dirigidas por el nuevo general a sus religiosos a medida que las pruebas se acumulan y los peligros van en aumento. El 8 de diciembre de 1759, al siguiente día de que los decretos de Pombal destruyeran las provincias portuguesas, invita a la oración para pedir por el pronto *spiritum bonum,* el verdadero espíritu sobrenatural de la vocación, la perfecta docilidad a la gracia divina. De nuevo, el 30 de noviembre de 1761, en el momento en que Francia a su vez es alcanzada por la tempestad, lo que pide es poner plena confianza en Dios, aprovecharse de las pruebas para la purificación de las almas, recordar que nos allegan más a Dios, y sirven también para la mayor gloria de Dios. El 13 de noviembre de 1763 también insiste en la necesidad de orar y de hacer más eficaz la oración con la santidad de la vida, recomendando ante todo la humildad, el espíritu de pobreza y la perfecta obediencia pedida por san Ignacio. El 16 de junio de 1769, después de la expulsión de los jesuitas españoles, hace nueva llamada a la oración, al celo para purificarse de los menores defectos. Al fin, el 21 de febrero de 1773, seis meses antes de la firma del Breve *Dominus ac redemptor,* quiere ver en la falta de todo socorro humano un efecto de la misericordia de Dios que invita a los que prueba a no confiar más que en Él; exhorta también a la oración, pero para pedir únicamente la conservación de una Compañía fiel al espíritu de su vocación : «Si, lo que Dios no permita, había de perder ese espíritu, poco importaría que fuese suprimida, ya que se habría hecho inútil para el fin para el que había sido fundada». Y termina con una cálida exhortación para mantener en su plenitud el espíritu de caridad, de unión, de obediencia, de paciencia, y de sencillez evangélica.

Tales son las palabras con las que la Divina Providencia quiso que se cerrase la historia espiritual de la Compañía en el momento de la prueba suprema

cia al cuerpo de la Compañía, la cual «es primaria y debe prevalecer en relación con todas las otras (a instituciones de todo orden, sean de la Compañía o exteriores a ella). Ella debe caracterizar cualquier otro compromiso que, por ella, es transformado en "misión"...».[3]

Detrás de las posturas culturales y sociopolíticas de esa época subyacía una *ideología:* la Ilustración, el liberalismo, el absolutismo, el regalismo, etc. Sin embargo, llama la atención cómo ambos padres generales —en sus cartas— no se ponen a «discutir» con ellas. Saben de sobra que —en tales posturas— hay error, mentira, ignorancia... Sin embargo, dejan de lado estas cosas y —al dirigirse al cuerpo de la Compañía— centran su reflexión en *la confusión* que tales ideas (y las consecuencias culturales y políticas) producen en el corazón de los jesuitas. Parecería como si temieran que el problema estuviera mal enfocado. Es verdad que hay lucha de ideas, pero ellos prefieren ir a la vida, a la situacio-

---

del sacrificio total que se le iba a exigir. Cordara, y otros después de él, han censurado en Ricci una pasividad excesiva frente a los ataques de que su orden era objeto, una falta de energía y de habilidad para valerse de todos los medios a su disposición para frustrar los ataques; no es este el lugar para discutir si semejante crítica está fundada, pero lo cierto es que es preferible oír, más bien que invitaciones a recurrir a habilidades humanas, legítimas, pero sin duda del todo inútiles, las reiteradas llamadas a la fidelidad sobrenatural, a la santidad de la vida, a la unción con Dios en la oración, como a cosas esenciales en aquellas últimas horas de la orden, en vísperas de morir» (pp. 318-319).

«Apenas hay necesidad de recordar la protesta que el P. Ricci, moribundo, cuidó de leer, en el momento de recibir el viático en su prisión del Castillo de Sant Angelo, el 19 de noviembre de 1775: en el momento de comparecer ante el tribunal de la infalible verdad era deber suyo protestar que la Compañía destruida no había dado ningún motivo para su supresión; lo declaraba y atestiguaba con la certeza que moralmente puede tener un superior bien informado del estado de su orden; luego, dijo que él mismo no había dado motivo alguno, por ligero que fuese, para su prisión» (ibíd., nota 71).

3   CG XXXII, IV, 66.

nalidad que tales ideas provocan. *Las ideas se discuten, la situación se discierne.* Estas cartas pretenden dar elementos de discernimiento a los jesuitas en tribulación. De ahí que, en su planteamiento, prefieran —más que hablar de error, ignorancia o mentira— referirse a la confusión. La confusión anida en el corazón: es el vaivén de los diversos espíritus. La verdad o la mentira, en abstracto, no es objeto de discernimiento. En cambio, la confusión sí. Las cartas que siguen son un tratado de discernimiento en época de confusión y tribulación. Más que argumentar sobre ideas, estas cartas *recuerdan la doctrina*, y —por medio de ella— conducen a los jesuitas a *hacerse cargo de su propia vocación.*

Frente a la gravedad de esos tiempos, a lo ambiguo de las situaciones creadas, el jesuita *debía discernir*, debía recomponerse en su propia pertenencia. No le era lícito optar por alguna de las soluciones que negara la polaridad contraria y real. Debía «buscar para hallar» la voluntad de Dios, y no «buscar para tener» una salida que lo dejara tranquilo. El signo de que había discernido bien lo tendría en la *paz* (don de Dios), y no en la aparente *tranquilidad* de un equilibrio humano o de una opción por alguno de los elementos en contraposición. En concreto, no era de Dios defender la verdad a costa de la caridad, ni la caridad a costa de la verdad, ni el equilibrio a costa de ambas. Para evitar convertirse en un veraz destructor, en un caritativo mentiroso o en un perplejo paralizado, debía discernir. Y es propio del superior ayudar al discernimiento. Este es el sentido más hondo de las cartas que siguen: un esfuerzo de la cabeza de la Compañía por ayudar al cuerpo a tomar una actitud de discernimiento. Tal actitud *paternal* rescata al cuerpo del desamparo y del desarraigo espiritual.

Finalmente, una cosa más acerca del método. El recurso a las verdades fundamentales que dan sentido a nuestra pertenencia parece ser el único camino para enfocar de manera recta un discernimiento. San Ignacio lo recuerda frente a cualquier elección: «el ojo de nuestra intención debe ser simple, solo mirando para lo que soy criado...».[4] Además, no es de extrañarse por el recurso que, en estas cartas, hacen los padres generales a los pecados propios de los jesuitas, los cuales —en un enfoque meramente discursivo y no de discernimiento— parecería que nada tendrían que ver con la situación externa de confusión provocada por las persecuciones. Lo que sucede no es casual: subyace aquí una dialéctica propia de la situacionalidad del discernimiento: buscar —dentro de sí mismo— un estado parecido al de fuera. Es este caso, verse solo perseguido podría engendrar el mal espíritu de «sentirse víctima», objeto de injusticia, etc. Fuera, por la persecución, hay confusión... Al considerar los pecados propios, el jesuita pide —para sí— «vergüenza y confusión de mí mismo».[5] No es la misma cosa, pero se parecen; y —de esta manera— se está en mejor disposición de hacer el discernimiento.

Las cartas que siguen fueron traducidas de su original latino[6] por el R.P. Ernesto Dann Obregón S.I., quien de esta manera pone en manos de tantos lectores esta joya de nuestra espiritualidad.

25 de diciembre de 1987

4 Cfr. *Ejercicios Espirituales*, n. 169.
5 Cfr. ibíd, n. 48.
6 *Epistolae Praepositorumm Generalium ad Patres et Fratres Societatis Iesu*, 4 vols., Rollarii, Iulii De Meester, 1909, pp. 257-307 y 332-346.

CARTAS DE LOS SUPERIORES GENERALES DE LA COMPAÑÍA DE JESÚS

Lorenzo Ricci S.I. y Jan Roothaan S.I.

CARTA DEL M.R.P. LORENZO RICCI A LOS PADRES Y HERMANOS DE LA COMPAÑÍA (26 DE SEPTIEMBRE DE 1758)

Sobre que hay que orar más a causa de las calamidades que oprimen y amenazan a la Compañía

1. Aunque son muchas las calamidades que nos oprimen y muchas también las que nos amenazan, aún después de que oramos tanto al Señor en los meses pasados; con todo no debemos dudar siquiera de que en algo se haya disminuido la divina misericordia; más aún debemos pensar que es propio de la divina misericordia «corregir y castigar y azotar a todo el que recibe como hijo» (Heb 12,6). Dos ciertamente son las cosas que espera Dios de nosotros y que incesantemente pide. En primer lugar pretende aumentar ciertamente nuestra afición a la virtud y a la perfección religiosa; pues desea una más fervorosa piedad hacia él, con la que nos deleitamos hablando con gusto con él y que demos a las santas meditaciones no solo el tiempo señalado en nuestra legisla-

ción, sino también el que nos reste en nuestras ocupaciones; con que nos esforcemos en ampliar la gloria de Dios con los trabajos emprendidos; pide una más ardiente caridad para con los prójimos, gracias a la cual a nadie dejaremos de querer; a nadie vituperaremos y a nadie culparemos; más aún procuremos hacer bien a todo por cualquier medio que podamos; pide una mayor solicitud en adquirir aquellas virtudes que nos tocan especialmente: mortificación para no buscar las comodidades; humildad para que pensemos y hablemos sencillamente de nosotros; la pobreza contenta con lo necesario desprecie lo superfluo; la obediencia que deseche toda excusa. Habiendo sabido por las cartas de la mayor parte de las regiones el gran fruto que la mayoría de los nuestros de las calamidades han sacado, digo con el salmista «su vara y su bastón me han consolado»; sobreabundé de gozo en todas nuestras tribulaciones, y pensé que nada mejor podía sucedernos, ni más feliz. Ojalá todos obtengamos el mismo fruto, y cada uno de nosotros podamos decir: «estuvo bien que me humillase, que aprendiera tus juicios», «bonum mihi quía humiliasti me, ut discam iustificationes tuas» (Sal, 118,71).

2. Pero Dios misericordioso atiende también a otra cosa, según bien lo entienden quienes conocen los caminos del Señor: a él le complacen nuestras oraciones, le agrada la humildad, le complace la fe con que nos refugiamos en Él; y parecería si temiera que sacados de las calamidades, nosotros nos distraigamos de su mirada. Por lo cual, Padres y Hermanos míos carísimos, oíd la voz de Dios que amonesta con amor, y no tengáis pereza de volver de nuevo a los ruegos.

3. Pero para que esos ruegos tengan más fuerza, desearía que nuestras preces fueran presentadas por Aquella que es la más grata de todas las criaturas y la más poderosa para conseguir lo que pide; María, a la cual llamamos con la Iglesia, Abogada nuestra, Esperanza nuestra, Consuelo de los afligidos, y la llamamos así con un suavísimo afecto del alma. Debemos confiar que ella estará presente con su auxilio en nuestra Compañía, puesto que la Santísima Virgen atiende prontamente a los que piadosa y confiadamente la invocan; Ella inspiró a nuestro Padre Ignacio el pensamiento de fundar una nueva milicia, cuando él se postró a sus plantas deponiendo sus armas profanas, Ella recibió en sus brazos el día de la Asunción, a la Compañía, ella llenó de innumerables beneficios a sus alumnos. Por consiguiente vayamos a Ella. «Mil escudos» (*Mili e clipei*, Cant, 4) penden de ella, como dice santo Tomás, para repeler todo miedo y calamidad; por tanto la piadosísima Madre no despreciará nuestras preces, sino que volverá hacia nosotros esos sus ojos misericordiosos.

4. Así, pues, deseo y pido, lo que no dudo haréis cada uno de vosotros, que os propongáis celebrar con singular piedad la fiesta de la Santísima Concepción de la Beatísima Virgen María; igualmente siguiendo la tradición de varones piadosos la preparéis con una novena llena de piadosos ejercicios con el siguiente fin: que la Madre piadosísima, como madre Amantísima, sea la defensa de nuestra Compañía. No señalo los peculiares actos a hacer durante los días de la novena, pues yo podría prescribir menos de lo que estáis dispuestos vosotros a realizar. Queda al arbitrio de los Superiores prescribir algunas preces o piadosos ejercicios dentro de nuestra

casa. Esto no lo dejo libre a nadie sino que lo encomiendo a todos muy especialmente, y ojalá pudiera a cada uno felizmente encomendar, que revivan su devoción a la Santísima divina Madre, si tal vez haya languidecido. De ella llegará todo bien, tanto a cada uno como a la universal Compañía.

5. Así pues, Padres y Hermanos carísimos, rogad con empeño a la Amantísima Madre que continúe demostrando su singular patrocinio, que inspire a todos el espíritu de su Hijo, a mí especialmente el más necesitado, no sea que a la Orden cuyo gobierno me ha sido encomendado o a mí mismo cause algún daño. Por lo cual desearía ser encomendado en los Santos Sacrificios y Oraciones.

En Roma, 26 de septiembre de 1758.

RR. Padres y Hermanos carísimos, siervo de todos vosotros en Cristo.

LORENZO RICCI

Carta del M.R.P. Lorenzo Ricci a los Padres
y Hermanos de la Compañía (8 de diciembre de 1759)

De la constancia en la oración por las tribulaciones de la misma Compañía

1. Como sabéis el año pasado imploramos la divina clemencia con preces dichas en común, y con humilde corazón esperamos en nuestras tribulaciones la consolación del cielo. Ni abrigo la menor duda de que el Padre de las Misericordias miró benignamente desde el cielo nuestras preces y lágrimas que le eran acercadas por ministerio de los ángeles. Aún más; según pienso a toda la corte celestial habrá sobremanera complacido aquel espíritu de humildad y compunción con el que nos hemos postrado ante el trono de la gracia; y si no nos ha sido concedido lo que pedíamos, ciertamente acercaron a nuestro espíritu la consolación y otros bienes espirituales.

2. Pero este año me siento advertido por vosotros mismos, sobre que no hemos de señalar un tiempo a la divina misericordia, ni señalarle el día de su conmiseración, sino que hay que insistir más en la oración hasta que llegue el auxilio oportuno en la tribulación. Y por tanto tácitamente me rogáis que ordene a toda la Orden nuevas rogativas para contener las iras celestiales. Y ciertamente nada hago con más gusto ni con nada me quedo tan reverente como cuando pienso para mis adentros que tal día y a tal hora la Compañía entera está ante la presencia de Dios, que le están dirigiendo los ruegos de los humildes, que penetran los cielos siempre agradables a Dios, y que al mismo se está ofreciendo el corazón contrito y humillado que Él nunca desprecia.

3. Y es así ciertamente, Padres y Hermanos carísimos. Los beneficios divinos son concedidos a la perseverancia de las oraciones humildes, fervorosas y llenas de fe; con muchísima verdad decía Judit: «Sabed que Dios oirá vuestras oraciones, si constantes perseveraréis en los ayunos y oraciones delante del Señor» (Cap. 4,12). Por ello tened por cierto que alguna vez ha de ser conseguida la divina misericordia del Padre; la condición es que no os apartéis de su presencia, ni interrumpáis por tedio o cansancio lo piadoso que fue comenzado. Pues es propio de Magnánimo ser tocado por los clamores de los necesitados que piden su ayuda; la divina misericordia, por su naturaleza, se inclina a aliviar las miserias de los mortales; y finalmente quien de ninguna manera puede engañar la fe de lo prometido, sabiamente nos alienta a obtener sin duda lo que pedimos precisamente siendo constantes en el pedir, buscar y llamar: «Quaerite et invenietis, petite et accipietis, pulsate et aperietur vobis» (Mt, 7,7 y Jn 16,24). «Pedid y se os dará, buscad y encontraréis, llamad y os abrirán» (Mt 7,7).

4. Qué eficacia tenga la perseverante oración, el mismo Cristo lo prueba y como que nos lo pone ante los ojos con argumento suavísimo, al cual argumento el que lo estudie en san Lucas, no podrá menos de conseguir una fe certísima. Son vencidos, dice él, los hombres con la importunidad de un amigo suplicante; ni hay entre vosotros un padre tan duro e insensible a quien no venzan finalmente los ruegos de un hijo que ruega y pide. Si pues la asiduidad y perseverancia del ruego vale tanto ante los hombres, de suyo inclinados al mal, qué no podrá ante Dios, cuya naturaleza es bondad, cuya beneficencia no se termina con sus larguezas,

ante quien nuestras súplicas no son molestas sino suaves y gratas, no habiendo amigo ni padre más verdadero que Él. «Pues, si vosotros, malos como sois, sabéis dar cosas buenas a vuestros niños, ¿cuánto más vuestro Padre del cielo dará Espíritu Santo a los que se lo piden?» (Lc 11,13).

5. Y por cierto querría que en vuestras oraciones buscarais principalmente este Espíritu Santo del que Él mismo habla; a saber, espíritu de penitencia y compunción por los pecados cometidos; espíritu de paciencia y mansedumbre en las tribulaciones; espíritu de caridad, celo, trabajo infatigable por la salvación de las almas; espíritu de humildad, mortificación, de desprecio del mundo y de nosotros mismos; espíritu de piedad y de religión, de unión con Dios, y de perfecta sumisión a su voluntad; espíritu de observancia regular; pero sobre todas las cosas, como dice la Escritura; es espíritu de gracia y de oración (Zac 12,10) solo en el cual se contiene el mejor de los regalos y el más perfecto de los dones. Para resumir, deseo que supliquéis aquel espíritu que Dios desde el comienzo infundió en la Compañía, con el que luego la conservó y la aumentó hasta este día.

6. Y no os admiréis de que yo tanto me preocupe de este único espíritu, como si nada más debiera ser pedido en gran manera: pues si queréis atender o a su particular dignidad o a los bienes que de él se siguen, este bien es de tal manera excelente, que fuera de él todos los otros bienes se aminoran. Y además muy bien sabe nuestro Padre Celestial otras penurias que nos apremian y Él mismo prometió todos los otros bienes a quienes ante todo buscaran el reino de Dios. Finalmente nadie puede dudar de que Dios ordene sus pro-

videncias sobre nosotros principalmente a este fin, que se aparte de nosotros todo lo que excluya este espíritu de que hablé, y también que el mismo espíritu se mantenga y acreciente en nosotros; cuando esto aconteciere, ciertamente podemos esperar que la divina benignidad nos será propicia en otras cosas o asuntos.

7. Por todo esto emplearé para vosotros las palabras del Apóstol: *Spiritum nolite extinguere* (1 Tes 5,19) «No apaguéis el Espíritu». Ciertamente que el Clementísimo Dios os lo dará por vuestras peticiones; pero vosotros tened un cuidado diligente de que no se apague una vez encendido, ya sea por el poco cuidado en lo referente a la piedad, ya sea cumpliendo con ánimo un tanto remiso las obligaciones de cada uno, ya sea apeteciendo sin moderación comodidades, fama y demás cosas vanas y perecederas. Cada uno muéstrese dócil a la voz divina, y por ella fácilmente entenderá lo que Dios le pide. Cada uno tema, no sea que ponga impedimento a la gracia celestial, y con las culpas privadas dé ocasión a las calamidades públicas, lo que siempre acontece por divina determinación.

8. Además, dilectísimos, vuestras oraciones deben recorrer las otras necesidades de nuestra Orden, como Cristo le enseñó y es costumbre de la Iglesia; pero primeramente confesemos que nuestras calamidades ocurren por nuestras culpas; y recibimos tales calamidades con humildad como mandadas de mano divina, que paternalmente nos castiga. Con esta preparación, ninguna más apta para ablandar las entrañas de la misericordia de nuestro Dios, levantad vuestras manos y oraciones al cielo. Nuestro Padre oirá los votos

de los afligidos según su costumbre. Cuando estos desfallezcan, pedid en nombre de Aquel que se constituyó nuestro mediador ante el Padre e interpone por nosotros sus méritos. Nada se niega al que ruega en su nombre. Y porque las intercesiones de los Santos son de mucha valía, principalmente las de la Santísima Madre, llamadlos en auxilio y tomadlos por vuestros peticionantes; usando las palabras de la Iglesia rogadle que se muestre ser Madre, y ofrezca ella en sus manos vuestras preces a aquel que, habiendo establecido nacer por nosotros, se dignó nacer de ella.

9. Ahora bien, a todos mando lo siguiente. Los superiores señalarán algunos ejercicios de piedad para que todos en común, en cuanto se pueda, los hagan como preparación durante nueve días precedentes al día de la Anunciación y donde no hubiere llegado a tiempo esta carta se escogerá otra Fiesta de la Santísima Virgen; esto se hará además de las preces y mortificaciones privadas que cada uno se impondrá según su voluntad o mejor según la medida del ardor de su piedad, habiendo sido consultado el Director espiritual. Finalmente, que durante todo el año 1760 todo sacerdote celebre semanalmente una Misa, además de la acostumbrada, por nuestra Compañía; y mucho desearía que estas Misas fueran dichas el mismo día, en atención a lo cual cada uno podría escoger el día sábado. Además, en todas las misas se añadirá la oración Colecta «pro Congregatione et Familia». Finalmente, los que no son Sacerdotes recen un Rosario semanal por la Compañía, además del prescripto.

10. Falta que ruegue y suplique a cada uno que consigan de Dios en mi favor ese espíritu que en otros requiero, lo cual

hago de lo más íntimo de mi sentimiento; ni sea que sobre la inocente Compañía, por mis pecados, provoque un castigo de Dios. También deseo que pidáis que Dios sea mi luz, mi fortaleza y mi salvación; que dirija todos mis pasos en su presencia: por lo cual en gran manera me encomiendo en vuestras oraciones y Sacrificios.

En Roma, 8 de diciembre de 1759.

LORENZO RICCI

CARTA DEL M.R.P. LORENZO RICCI A LOS PADRES
Y HERMANOS DE LA COMPAÑÍA (30 DE NOVIEMBRE DE 1761)

De las causas de consuelo y del recurso a Dios en las calamidades

1. En tantas y tan grandes calamidades en que la Compañía de Jesús es apretada, por justa y misericordiosa disposición de Dios, no tanto temí, Padres y Hermanos carísimos, que padeciera graves daños por la fuerza y multitud de las mismas, cuanto que vuestro ánimo decayera y careciera de paciencia y de confianza en Dios. Pues en lo que respecta a la primera causa de temer, inmediatamente se me ocurrió el Salmo que dice: «nuestros destinos en la mano de Dios» están colocados, es decir, en manos de un Padre amantísimo; que nada sucede sin su aprobación, que todo se ordena para nuestra utilidad y provecho espirituales, que todo se origina de su infinito amor para con nosotros.

2. Innumerables causas de solaz emanan de esta sola fuente; siendo así que, como atestigua el Profeta, «son muchas las tribulaciones de los justos» (Sal 33, 20), nos debemos alegrar de que la divina benignidad nos llame, aunque indignos y pecadores, a la suerte de los justos. Pero no debe aminorar la causa de nuestro solaz el pensamiento de que no se propone ejercitarnos en la virtud tanto como castigarnos por nuestros pecados; y esto mismo es propio de la eximia misericordia: en tiempo de tribulación perdona los pecados a aquellos que lo invocan e impone penas en esta vida; aquí borramos los pecados nuestros con penas mucho más leves y además la aceptación de los dolores se acompaña con el fruto de gran mérito;

tampoco reserva las penas para la otra vida, en la cual, aunque los pecados se expían con penas mucho mayores, se carece de la utilidad del mérito. Así pues, como dice Tobías en el c. III, si nuestra vida estuviere en tribulación, será coronada; si estuviere en corrección, podrá acudir a la misericordia de Dios.

3. Ni se propone Dios solamente cambiar las terribles y menos útiles penas por levísimas y utilísimas, sino también para enriquecernos con los grandísimos premios del cielo; en verdad, con tal que suframos las tribulaciones enviadas por Dios con paciencia y humildad, esto es, a imitación de Nuestro Señor Jesucristo y de los santos. Es, pues, estrecho y angustioso el camino que conduce a la vida, vida tanto más feliz cuanto más angustioso sea el camino. Las tribulaciones tienen razón de precio con el cual sucede como si compráramos la vida gloriosa y cuanto más paguemos tanto más abundante gloria tendremos.

4. Para obtener este fin no hay instrumento más idóneo que el de la tribulación; en ella como con un fuego se purifican nuestros afectos de toda mancha y vicio. Pues si de los mismos trabajos que tomamos para gloria de Dios y salvación de los prójimos buscábamos con una cierta tácita expectación comodidades o alabanzas humanas, lo que es muy propio de nuestra naturaleza enviciada y no pocas veces sucede por engaño del común enemigo; en la tribulación vemos que se desvanece nuestra expectación y cuando comprendemos que éramos engañados por aquellos bienes, por otra parte vanísimos, nos separamos con una cierta desesperanza de todas las cosas terrenas, y aprendemos a atribuirlo todo a Dios, de cuya fidelidad no podemos dudar.

5. De donde también se sigue que tomemos tedio a esta vida miserable y levantemos la mente a las nostalgias de la patria celestial. Pues la ceguera y la debilidad de nuestra naturaleza es más bien raptada por la presencia de un bien falso que por la esperanza de un bien futuro. Dado pues, que nuestra vida presente no tiene ese bien, sino que es acosada por angustias, miedo y dolores, por propia experiencia conocemos que nos queda aquel uno, para que suspiremos por la patria feliz en donde no bien pongamos el pie, Dios secará las lágrimas de nuestros ojos.

6. Además, la tribulación trae otra utilidad: nos hace humildes, nos vuelve cautos en el obrar y hablar y enciende la afición a la oración. Pues así como alabanzas, aplausos, favor y estima fomentan el orgullo en las almas de todo hombre, así también la desestima, el vituperio y el desprecio, superados los estímulos de la soberbia, llevan al conocimiento de nuestra bajeza, y no permiten apetecer lo que entendemos se nos debe negar. Y cuando advertimos que los hombres están con los ojos atentos, para recriminar, criticar y echar a mala parte a nosotros y a todo lo nuestro, nos acostumbramos a cuidarnos, no sea que demos ocasión a la mala crítica con nuestras palabras y acciones. Finalmente, cuando vemos que no hay ayuda humana para liberarnos de las angustias, levantamos los ojos al Señor, más frecuentemente y más ardientemente clamamos a Él; «Él no se alegra con nuestra perdición, sino trae la tranquilidad luego de la tempestad e infunde alegría luego de las lágrimas y llanto» (Tob 3,22).

7. Y Dios ve ciertamente desde el cielo nuestras tribulaciones; si las sobrellevamos como corresponde a los siervos de

Dios, se alegra del triunfo no tanto nuestro como suyo; Él vence en nosotros por la gracia; los santos se alegran con los Santos delante de Dios y a nosotros nos esperan futuros compañeros en las consolaciones, como ahora lo somos en las tribulaciones. Puesto que Dios labra como una imagen y semblanza de Jesucristo por medio de las tribulaciones como con un «buril con toque y golpes saludables», como canta la Iglesia, para ser colocada alguna vez en un dosel de la bienaventurada eternidad.

8. Todavía añado una consideración para vuestro solaz, que es primordial para los que aman a Dios. Nadie puede dudar de que nuestras tribulaciones, de cualquier clase que sean, vengan de cualquier causa y cualquiera sea el fin que hayan de tener, deben servir para la gloria de Dios. Por consiguiente no hay razón para que las tribulaciones nos tengan en intranquilidad a nosotros, que tenemos la prescripción del Instituto de buscar en todo la mayor gloria de Dios. Es suficiente que derivemos a Dios el honor de nuestras tribulaciones; nos conviene contemporizar con ellas, más aún, alegrarnos vehementemente, si amamos a Dios.

9. Y estas son las razones con las cuales el «Padre de las misericordias, y Dios de todo consuelo, nos consuela en cualquier tribulación nuestra» (2 Cor 1,3). Las cuales cuando las repaso con mi mente y confío que vosotros, Padres y Hermanos carísimos, sacaréis los riquísimos frutos que dije, si me manejara con alma de Santos, diría con el Apóstol: «Sobreabundo de gozo en toda tribulación nuestra» (2 Cor 7,4). Si a Dios pluguiere como forzar la enmienda de nuestros defectos precisamente de este modo, aumentar en nosotros

el temor santo, y la observancia de las reglas; afición a la oración, humildad, caridad, mortificación, desprecio del mundo, y promover celo de las almas, yo rogaría que no apartara su mano del castigo, y mi consolación sería que no me perdonara dolores ni aflicción, con tal de que este fruto antedicho de las tribulaciones siempre exista en la Compañía.

10. Mientras me angustio por ellas, y, según es mi debilidad caigo por el dolor de las presentes y temor de las futuras, sin embargo lo que más temo es que flaqueéis en la paciencia y en la confianza. Ciertamente Dios las más de las veces no permite que nuestras tribulaciones se prolonguen, puesto que él conoce nuestra hechura, y con nosotros trata como un padre que por amor pronto retrae su mano del castigo, no solo para «dar gloria a su nombre», sino para obrar con nosotros «según la multitud de sus misericordias» (Sal 51,2).

11. Ni es difícil invocar la divina clemencia: nuestras cosas están seguras, con tal que tengáis colocada vuestra confianza en él, pero, en cuanto os sea posible, una esperanza digna de la divina potencia y benignidad. ¿Quién de vosotros duda de que las Sagradas Escrituras nos dicen la causa y el por qué los hombres afligidos son liberados de los males porque esperaron en Dios? «Los salvó porque esperaron en él», dice el Profeta, (Sal 36,42) y también; «Porque esperé en ti, Señor, tú me escucharás» (Sal 35-37,16) y en otra parte: «Porque en mí esperó lo liberaré». ¿Quién no oyó que «Dios es el escudo y la protección de todos los que esperan en él»? (2 Re 22,31; Sal 18-17,31). Donde se advierte que ninguno que verdaderamente espera es excluido: «no se rebajará al que espera, el que confía será levantado en el

Señor y rodeado de misericordia» (Ecl 32,28; Prov 29,25. Sal 32-31). ¿Quién temerá que nos asalten los males que nos rodearon, si con su fe conseguirá que Dios lo rodee con su amparo? Además, no pueden leerse sin una gran conmoción espiritual las palabras del capítulo segundo del Eclesiástico, y el capítulo segundo del Libro de los Macabeos, donde se nos invita a pasear nuestra mirada por todas las naciones y gentes, y comprender «que nadie esperó en el Señor y fue confundido», pensar en todas las pasadas generaciones, y ver, «que cuantos en él esperan no desfallecen» (Eclo 2,11. 1 Mac 2,61). Lo que podemos conocer en todas las naciones y generaciones, nuestra experiencia nos enseñará también, si conmemoramos cuántos de nuestros antepasados oprimidos por calamidades fueron liberados porque ciertamente esperaron en Dios. Pero si no hemos padecido males mayores o iguales, es consecuente que nuestra fe debe ser mucho mayor de la de los antepasados nuestros; porque «no hay diferencia ante la mirada divina liberar de grandes o menores males» (1 Mac 3,19). Por consiguiente «lleguemos con confianza al trono de la gracia»; invoquemos «al Señor en la tribulación» y nos escuchará; nos salvará de «aguas abundantes» y de la «angustia»; porque «Dios es poderoso para salvar de todo, y es rico en misericordia» (Sal 117,5; 2 Re 22,19; Job 36,15; Sa 14,4; Ef 2,4).

12. Por lo cual, como en los años pasados me hice presente a cada uno para pedir oraciones, con tanto mayor ahínco lo hago cuanto mayores son las calamidades que oprimen y acrecen. Y yo ciertamente sobrellevaría gusto que todos los años de mi gobierno lo fueran de tribulación, con tal de que los mismos fueran para vosotros años de oraciones y preces;

seguro ciertamente de que Dios nunca nos mezquinará su misericordia, mientras no nos mezquine el espíritu de oración, según aquello del salmo: «Bendito sea Dios que no me separó de mi oración, ni su misericordia de mí» (Sal 65,20).

13. Tres son los ejercicios de piedad que he resuelto presentaros; aún más, mandaros: el primero es que cada uno cada día visite una vez al Santísimo Sacramento, y ahí según su devoción y propósito implore que Dios sea propicio para con la Compañía. Y si no se pudiere hacer en todas partes y por todos a una hora determinada y con la presencia de todos, no por eso dudaré de que sea omitido por alguno dudando de su piedad, si no estuviere justamente impedido. Piensen todos que la calamidad pública a cada uno le toca; vean lo que deben a la Compañía por la que fueron nutridos en la virtud, cuiden no sea que por la culpa de uno padezca más tiempo la Compañía. El segundo ejercicio es que se digan las Letanías de la Santísima Virgen antes de las Letanías de los Santos que suelen y deben ser dichas. El tercer ejercicio será que antes de las principales fiestas de la Virgen señaladas de Precepto, se haga un triduo por lo menos de media hora de oración por todos en cada una de nuestras casas, delante de la imagen o reliquia de la Virgen, en la capilla doméstica o en la pública con las puertas cerradas. Además, aquellos más piadosos ante nuestro Dios, no contentos con estas un tanto leves prescripciones, añadirán ellos mismos más oraciones voluntarias, penitencias tomadas espontáneamente y otras obras de piedad. Implorad, implorad ante el Padre y el Hijo suyo Jesucristo a los ayudadores y patrocinadores: en primer lugar la Beatísima Virgen María, de la cual nunca se ha oído que haya sido abandonado quienquiera se acogió a su patro-

cinio; luego a los Santos Ángeles Custodios de nuestra Compañía, a los santos José y Juan Nepomuceno, que la Compañía escogió como especiales patronos, y a aquellos que en vida la honraron con sus virtudes, y ahora desde el cielo la protegen, para que multiplicados los intercesores Dios aumente en favor nuestro la abundancia de su protección.

14. Finalmente, desearía advertiros diligentemente que promete el auxilio de su protección no a cualquiera sino a las preces y clamores en la tribulación de los justos; pues «los ojos del Señor no se apartan de los honrados, sus oídos atienden sus gritos de auxilio» (Sal 34 (33), 16). «Cuando uno clama el Señor lo escucha y lo libra de sus angustias (ibíd., 18). Clamaron los justos y el Señor los escuchó, y los sacó de todas sus tribulaciones. Busqué con afán al Señor y me oyó, y me sacó de todas mis tribulaciones» (ibíd., 5). Recordad que tienen fe los que temen a Dios, según aquello: Los que teméis a Dios esperad en él. Endereza tu camino y espera en Él; «Confía en el Señor y haz el bien» (Sal 37 (36), 3). Por consiguiente, para que vuestra confianza sea firme, para que vuestras oraciones tengan fuerza, haced el bien, luchad por toda justicia, buscad a Dios y temed, principalmente con aquel temor filial, que aborrece toda ofensa de Dios aun la más leve; dirigid vuestros caminos según las santísimas leyes de la observancia regular; esforzaos por conseguir el fin que se ha propuesto vuestro Padre amantísimo, que a través de las tribulaciones nuestras costumbres sean siempre mejores, y se aumente el amor de las virtudes.

15. Esto escribí, para llevaros consuelo del modo que podía, ciertamente no hay otro más cierto ni más sólido; y sana-

ría también mi dolor, que mucho se aumenta por causa del vuestro. Así pues, voy a terminar; y usando aquellas palabras del Apóstol que brevemente concentran cuanto más profusamente expuse, os rogaré «que os mantengáis en el espíritu fervientes, siempre al servicio del Señor, que la esperanza os mantenga alegres; sed enteros en las dificultades y asiduos en la oración», (Rom. 12,13). Finalmente, ruego orando al cielo «que el Dios de la esperanza colme vuestra fe de alegría y de paz» (Rom 15,13); y deseo intensamente que me encomendéis en vuestros Santos Sacrificios y Oraciones.

En Roma, 30 de noviembre de 1761. De todos vuestro siervo en C.

LORENZO RICCI

CARTA DEL M.R.P. LORENZO RICCI A LOS PADRES Y HERMANOS DE LA COMPAÑÍA (13 DE NOVIEMBRE DE 1763)

Sobre la ferviente perseverancia en las oraciones durante las calamidades de la misma Compañía

1. Aunque la constante acerbidad de nuestras calamidades de sí nos exhorte a una ferviente perseverancia en las oraciones, con todo pienso que es justo que os refresque la memoria; ya porque la divina Providencia manda que seamos humildes intérpretes e indagadores de sus planes; ya porque tal vez a algunos los estorba la tribulación pública más levemente de lo que podría ser, porque o en nada o ciertamente poco los saca de sus privadas comodidades; ya porque algunos otros no levantan sus miradas a la mano invisible que permite la tribulación, atendiendo únicamente a los golpes del flagelo. Aun sucede que, a pesar de que cuanto más dura más se agrava el mal de la tribulación, sin embargo la misma duración del mal causa un cierto estupor, como si hubiera introducido dureza en los ánimos. Esto sucede sea porque lo repetido no conmueve *(ab assuetis non fit passio)*, sea porque fácilmente el ánimo se acostumbra a estos males y desespera que puedan tener remedio.

2. Pero lejos de nosotros, Padres y Hermanos carísimos, tal dureza de corazón: la cual como defraudaría o frustraría los paternos planes de Dios, así nos privaría de la alabanza y premio de la paciencia; también nos retraería de aquellos ejercicios de piedad; ahora bien, esos recursos piadosos, si se usan incesante y fielmente, han de valer por fin tanto ante la divina misericordia que por ellos mismos nuestra tristeza

se convertirá en gozo. Por lo cual, nunca, para usar el dicho del Apóstol, nunca olvidéis las palabras de consolación, con las que Dios os exhorta como hijos queridísimos llevándoos a la paciencia: «Hijo mío, no rechaces el castigo del Señor, no te enfades por su represión» (Prov 3,11). Ni está bien que la tribulación destruya o disminuya la ecuanimidad con la cual se toleraría la misma tribulación; pues «es justo que un mortal se someta a Dios y no quiera medirse con Él» (2 Mac 9,12). Esta tribulación, así como es de Dios, así gusta a Dios; lo cual debe ser suficiente no solo para que la tomemos con ánimo quieto y sumiso, pero aun nos debería agradar, y así coincidiría nuestra voluntad con la de Dios. Ahora bien, ¿qué podemos querer sabia y útilmente, sino lo que quiere el mismo Dios? Y fuera de lo que Dios quiere ¿qué puede placernos jamás a nosotros?

3. Pero esta coincidencia de nuestra voluntad con lo que le place al Señor está lejos de terminar con los dolores, antes bien esta presencia se nota en la vida espiritual principalmente. Porque ¿qué grato obsequio ofrecería a Dios el que con la costumbre perdiera todo sentido de dolor? Ni el mismo divino auxilio extingue este sentimiento de los dolores; de él es propio que nos haga fuertes y constantes pacientes en el dolor; del cual es muy propio que atempere las aflicciones internas del alma, las atempere con una cierta inefable suavidad, de tal manera que el Apóstol, por la abundancia de dichas celestiales, exclame para alguna alma santa: «me siento lleno de ánimos, reboso alegría en medio de todas mis penalidades» (2 Cor 7,4).

4. Por lo demás, como la conformidad cristiana con la voluntad de Dios en nada disminuye lo acerbo de los dolores, así tampoco debe en algo disminuir el fervor de nuestras oraciones. Porque el que por cierto es nuestro verdadero maestro, Cristo, después de haber anunciado esta fórmula de orar «Hágase tu voluntad así en la tierra como en el cielo», inmediatamente le unió esta otra: «El Pan de cada día dánoslo hoy» para que aprendiéramos que también hay que suplicar la ayuda de Dios Padre celestial para las cosas temporales.

5. Así pues, Padres y hermanos carísimos, si de Dios que hizo el cielo y la tierra, esperamos un auxilio que de ninguna otra parte puede llegar, a Él recurramos de nuevo. Los gemidos de nuestro corazón vuelen de nuevo al trono de la gracia, y no haya pereza en clamar a lengua suelta en oraciones: «Vuélvete, Señor, ¿hasta cuándo? ten compasión de tus siervos» (Sal 90-89,13); no haya pereza, repito, en justificar con un fervor más intenso para que si no lo concede por nuestros méritos, al menos algo conceda a su acostumbrada benignidad; para que por tan constantes ruegos y suspiros de sus siervos se conmueva para ser oído al fin y vencido. Por lo cual quiero e impongo que durante el año venidero todos ofrezcan los mismos ejercicios de piedad de los años pasados: récense cada día las Letanías de la Santísima Virgen María, hágase un triduo de oraciones antes de las fiestas principales de ella, y hágase cada día la visita al Santísimo Sacramento.

6. El uso de estas ejercitaciones es muy fácil y a propósito para promover la piedad individual, más aún: suave. ¿Para quién no es suave la invocación a María? ¿Para quién no es suavísima la presencia de Jesucristo? No hay por qué deba

preocuparme de que alguno la pase por alto. Pero es conveniente recordar que las oraciones resultan tanto más aceptas a Dios, tanto más poderosas para conmover su misericordia, cuanto más santo y más perfecto es uno en sus acciones: «Los justos clamaron, dice el regio Profeta, y el Señor los escuchó, y los liberó de todas sus tribulaciones» y en los Proverbios: «El Señor oirá las oraciones de los justos» (Sal 33,18). «Cuando uno llama al Señor, Él lo escucha y libra de sus angustias» (Prov 15,29). Qué decir si nosotros mismos somos imitadores o enseñados por la opinión común de los fieles en el rezo de sus oraciones: nos dirigimos con más confianza a donde encontramos mayor santidad de vida; y elegimos como patronos nuestros ante Dios entre los hombres que nos parecen más gratos a Dios, dejados de lado aquellos que en la familia de Cristo son tan solo un número y no son recomendables por ninguna virtud.

9.[1] Por lo tanto, vehementísimamente deseo que vuestras oraciones estén adornadas y enriquecidas con este don, a saber, con la santidad de las costumbres el cual don aunque puede ser tenido como algo externo a la misma oración, sin embargo de él saca la oración toda su fuerza intrínseca; puesto que es propio del alma no tibia, no remisa, sino pía y santa el unir a sus preces, la humildad, la confianza y perseverancia. Que si todos y cada uno de los hombres de la Compañía fueren fervorosos en el servicio divino, si tantos compañeros como hay cada uno se sintiere en modo eximio amigo de Dios, acaso ¿hay algo, os pregunto, acaso algo alguna vez puede ser de

---

1   En esta traducción hemos preferido mantener la numeración tal como está en la edición latina de la que la hemos tomado (cfr. *supra*, p. 24): del n. 6 se pasa al n. 9.

tan grande precio, que todas las oraciones juntas de toda la universal Compañía no sean capaces de obtener? ¿Qué veloz volaría nuestra oración al trono de Dios y con qué certeza de traer de ahí los beneficios, si al tiempo de hacer la oración diaria ante el Santísimo, o recitar las letanías, la íntegra orden se reúne? Entonces, a la misma hora casi, derramarían sus preces hombres que sinceramente aborrecen, lo que el mundo ama y abraza como delicias, estimación de mucho nombre, honores, sino que admiten y desean de verdad cuanto Cristo amó y abrazó como desprecio, pobreza y dolores; hombres cuya mayor y más intensa afición sea buscar la mayor abnegación en todas las cosas; hombres que tengan recta intención no solo acerca del estado de su vida, sino también acerca de todas cosas particulares; hombres que a la más pequeña señal del superior estén dispuestos a ir a donde llama el mayor honor de Dios; hombres finalmente que ardan en aquel «fuego» que Cristo «vino a traer a la tierra» (Lc 12, 40). Ahora bien, si Dios atiende los ruegos de un siervo fiel, ¿acaso puede ser, vosotros mismos decidlo, que Dios no escuche los votos de tantos hombres que religiosamente le suplican?

10. Por ello, cuando oramos deberíamos ser tales como lo piden las reglas que más arriba he recordado, las mismas que son el fundamento principal de nuestro Instituto, las mismas a las que hay que dedicarse con más afición. Pero bien; no a todos se ha de proponer y exigir la misma perfección, ciertamente lo sé; pero también sé que se puede pedir mucho a todos según la medida de la gracia que les ha sido comunicada; y por cierto es riquísima la divina gracia comunicada a cada uno; además, a todos se ha impuesto el mismo Instituto de vida para que cada uno aspire a un

cierto egregio grado de perfección. Sé ciertamente, y con tristeza lo sé, que toda numerosa familia de religiosos, por un cierto hado incombatible, y trayéndolo así la débil naturaleza de los hombres tiene algunos tibios y remisos; sé que es «necesario» según el anuncio divino de Cristo, «que vengan escándalos» (Ma 18,9); pero a estos tibios hombres, principalmente a aquellos de los que dice san Jerónimo que «por su pecado hacen que sea necesario el escándalo», a esos conviene traer a la memoria y seriamente pensar estas palabras del mismo Cristo: «¡Pero ay del hombre por quien viene el escándalo!» (Ma 18,7).

11. Pero para precisar mi argumento, convendrá que toque tres clases de virtudes antes que otras; no porque me proponga tratar ampliamente de ellas, sino porque algunos pensamientos prácticos sugieren que son aptísimas para conseguir lo que pedimos; y tal vez quiere Dios que algunos cultiven más perfectamente estas virtudes, dispuesto luego a escuchar nuestras preces, si se cultivan según su voluntad.

12. Así pues, comenzaré por la humildad. Conocéis perfectamente, Padres y Hermanos carísimos, que Dios nos llamó y nos destinó a procurar y promover su gloria en la obra de su siervo Ignacio. Entonces si, dejada de lado la Gloria de Dios, los nuestros definieran y pensaran que nuestros trabajos tuvieran como fin el honor privado de cada uno: ¿cuál de los nuestros tan vanamente se engañará esperando que Dios paternalmente vigilará por la salvación de nuestra Compañía, o que el mismo Ignacio Fundador de la Compañía suplicará solícitamente a la Divina Majestad para que su obra se conserve? Entonces, ciertamente, entonces la Com-

pañía se convertiría en aquella «sal sosa que ya no sirve más que para tirarla a la calle y que la pise la gente» (Ma 5,13).

13. Ni nos engañe el honor de la Compañía. Ciertamente digno de ser cuidado diligentemente y con todo empeño promovido es el honor de la Compañía. Pero solamente con el fin y con la mira puesta en que de él se siga el bien del prójimo, y para que resulte una fuerza eficaz para ampliar la gloria de Dios. El honor de la Compañía debe ser cuidado con la pureza de las costumbres; con incansable voluntad de la salvación de las almas; pero no con vergonzosos encomios de nuestros propios méritos, no con maledicencia; no con menos estima de los demás. Pues además es mucho de temer que bajo el laudable velo de la común estima se esconda un perverso afán de alguno en particular; no sea que el esplendor público nos agrade si resulta del privado propio como suele suceder, y que se desestime muchas veces la gloria que por medio de otros resultó para la religión, de la cual nada llegue a nosotros.

14. ¡Es muy fácil decir: A Mayor Gloria de Dios; pero ojalá fuera tan fácil trabajar por la Gloria de Dios, sin que también aquellas palabras huelan alguna vez a vanagloria! El que quiera trabajar para este fin, ese, lejos de toda duda, ha de despreciar sus propias comodidades; de tal manera se debe desdeñar el honor privado, que el hombre mirando a solo Dios plenamente se olvide de sí. Finalmente, nunca rogaremos a Dios con sincero corazón que su santo nombre sea glorificado, a no ser que juntamente roguemos con David que ninguna gloria sea para nuestro nombre: «No a nosotros, Señor, no a nosotros; sino a tu nombre da gloria».

15. La pobreza es aquella otra virtud que parece llevar fehacientemente a la consecución del fin de nuestras oraciones. Esta frase sobre Cristo es insigne: «siendo rico se hizo pobre» (2 Cor 8,9). Aún más fortaleció sus planes de cosas celestiales con dos consejos evangélicos de voluntaria pobreza: «Bienaventurados los pobres de espíritu» (Ma 5,3). Se sigue que los discípulos de Cristo deben ser conocidos por la pobreza como por una nota propia; siendo así que los Apóstoles mismos seguidores de Cristo con ningún otro argumento confirmaron su profesión sino diciendo: «He aquí que lo hemos dejado todo y te hemos seguido» (Ma 19,27). Marcadas con esta misma nota nuestras preces penetrarán en el cielo, para que san Ignacio las admita como de hijos y no de extraños, las ofrezca al Numen supremo, se preocupe confiadamente de conseguir su éxito, y para que finalmente Cristo tome la tutela de su Compañía decorada y aprobada por él con las señales genuinas.

16. Es verdad que nosotros hemos hecho voto de imitar a Cristo en la pobreza; pero parece que ella debe circunscribirse con límites más estrechos; si no pasa de los límites de la privación de poseer cosa propia, y de la sujeción a los superiores en el uso de las cosas, teme experimentar los efectos de la pobreza. Pues si después de besar las llagas de Cristo Crucificado, si después de derramar lágrimas de compasión por sus padecimientos al volver frecuentemente nuestros ojos a él, si comparamos su pobreza con la nuestra, habrá, ciertamente habrá motivos para que se nos caiga la cara de vergüenza, y se cubra de un justo rubor. Y esto, por cierto, lo han experimentado muchas santas almas mucho más parecidas que nosotros con la divina imagen.

17. Pero por lo menos a los siguientes puntos ha de llegar nuestra pobreza: que el jesuita esté contento con la vida acostumbrada en la Compañía, acomodada en su ajuar a los pobres, como está prescripto por la regla; que, guardada en todo la simplicidad religiosa, repudie constantemente las mundanas delicias del lujo seglar; que aborrezca toda singularidad, no apetezca nada fuera de lo necesario; que todo lo superfluo y que está fuera de nuestros usos lo eche lejos de sí. A este grado de perfección, que ni es muy alto ni demasiado arduo, todos deberían subir. Será fácil para cada uno este ascenso, si debidamente excitamos en nuestros corazones su amor, meditando detenidamente en la pobreza que Cristo abrazó sin juzgarla su deshonra.

18. La tercera virtud es por cierto la obediencia: san Ignacio quiso que por ella la Compañía se distinguiera de todas las demás religiones, como con signo propio; no debería atreverme a hablar de ella dado que el mismo fundador de la Compañía en su maravillosa carta explicó su naturaleza, distinguió sus grados, enseñó a practicarla, simultáneamente demostró el modo de conseguirla, y nos proporcionó los argumentos más fuertes y seguros e incitaciones que nos invitan a ejercerla con perfección; por lo cual me parecerá suficiente preveniros de paso para que no os estrelléis (choquéis) contra algún error en asunto ciertamente gravísimo.

19. Advierte el Santo Padre que no está en manera alguna prohibido referirle al Superior si sostiene doctrina contraria a la suya; y en las Constituciones claramente anuncia a todos que es lícito prevenir a los Superiores si algo les hace

daño, o algo les es necesario en cuanto a la comida, vestido, ocupación o habitación. Por lo que a mí toca, Reverendos Padres y carísimos Hermanos, es lícito que gocéis de tan legítima, paterna y prudente indulgencia; pero os ruego que en la práctica no separéis de tal concesión las diversas cauciones que la rodean. Pues ciertamente conocéis, como lo enseña el mismo Ignacio, el gran peligro de que el amor propio nos engañe en cualquiera manifestación del propio juicio contra lo ordenado por el superior. Luego hay que suplicar al dador y Padre de las luces si es que conviene representarlo al superior; pero que no sea la oración hecha por cumplir ni ansiosa; en cambio, debe ser tranquila y propia para oír y aceptar la voz de Dios; tampoco se tenga por aviso divino cualquiera falsedad de nuestro deseo. La ecuanimidad de ánimo tan inculcada por nuestro santo Fundador debe darse antes y después de nuestra exposición; esta conformidad de espíritu debe tenerse no solo para cumplir lo mandado —para la ejecución— sino también para conformar nuestro juicio. Ni por cierto parecerá difícil esta indiferencia de juicio a los que en las órdenes del superior ven la voluntad de Dios.

20. Para los que revuelven en su interior algunos pensamientos contra el parecer de la obediencia les convendrá que recuerden otros documentos de san Ignacio. Advertid cuántas veces insiste en que no hay que hacer resistencia, no contradecir, aun más no propalar la más mínima diversidad de nuestro juicio con el del superior; que no se esté esperando el expreso mandato del superior, sino obedecer alegremente ante una levísima señal del superior; no trabajar para torcer la voluntad del superior en conformidad con la nuestra; al

contrario dejarle a él la libre disposición nuestra y de nuestras cosas; conformar nuestras voluntades con lo que él quiere, donde no hubiere pecado, lo cual siempre se entiende; y cuando fueren mandadas cosas difíciles y según nuestra sensualidad repugnantes, hay que obedecer fuertemente, con la humildad debida, sin excusación ni murmuración alguna.

21. Téngase también presente aquella comparación con el bastón de hombre viejo y del cadáver, que es apta para describir la docilidad del religioso verdaderamente obediente; vengan a nuestra prontitud y admiración los relatos de aquellos ejemplos de antiguos cenobitas, en los que se contaba esa voluntad y conato de obedecer para realizar no solo cosas inútiles sino también imposibles.

22. Finalmente, cuando ocurra querer oponerse al juicio de los superiores, por favor, presentad a vuestras mentes y memoria aquellas tan suaves como eficaces razones, con las cuales san Ignacio exhorta y ayuda a nosotros para obedecer perfectamente. Avergüéncense, dice él, los religiosos, avergüéncense los varones de obedecer por algún humano respeto; mande Dios lejos de vosotros tan fútil y tan vil motivo de obrar; sea el amor de Dios la causa única de obedecer; por la obediencia devolvéis a Dios la libertad que él os dio; se perfecciona no se pierde lo que ha sido objeto de la largueza divina. Con más verdad profesamos y exhibimos nuestra obediencia a Dios que al hombre, siendo así que el hombre no es otra cosa que siervo de Dios, y como instrumento vivo por el que se conoce la voluntad de Dios. Esta misma virtud el Espíritu Santo la proclamó distintamente en las sagradas letras, y Dios la aprobó con milagros algu-

nas veces; esta obediencia la ejercitaron cuantos santos hubo y Nuestro Señor Jesucristo la abrazó para nuestro bien con ejemplos admirables. La obediencia sembrará en el corazón todas las demás virtudes y os unirá a todos con un mutuo y suave vínculo. Dará al alma tranquilidad y gran alegría, que desconocen ni pueden experimentar los indóciles. Este estado de ánimo emparejará el camino de toda virtud hasta los más altos progresos en el servicio divino; esta obediencia os acercará al verdadero conocimiento de Dios, al verdadero amor; tales dones os gobernarán y regirán en la peregrinación de esta vida, y os conducirán al felicísimo fin, ciertamente a la beatitud sempiterna.

23. En este punto, fuera de duda, Padres y Hermanos carísimos, reconocéis no solo los pensamientos sino las mismas palabras de vuestro Padre queridísimo: a nuestro Padre Ignacio me refiero, cuya única preocupación mientras vivió fue conducir, por el más recto sendero a cada uno de vosotros a un alto grado de gloria en el cielo. Y desde el mismo trono que ya ocupa con celeste esplendor, os ruega y suplica con mucha instancia como antes en la tierra que os dediquéis con todas vuestras fuerzas a lograr esta virtud y a que os mostréis perfectísimos en ella. No queráis echar de vuestros cuidados su tan dulce exhortación, ni tampoco de la memoria; pero cuando ocurra alguna repugnancia a los mandatos del superior, entonces principalmente recorredlas con vuestros ojos; ella, la obediencia, es lícito afirmarlo, os mantendrá bien defendidos contra el error del juicio propio.

24. Acompañen estas virtudes especialmente a nuestras oraciones, pero conviene además fomentar las otras virtudes

como compañeras de suyo, y para sí decirlo, intermediarias ante el trono de Dios; ciertamente, si no las unimos con nuestras oraciones, va a suceder como si opusiéramos, según Jeremías, una densísima nube por la que nuestras preces serán interceptadas entre Dios y nosotros, luego rechaza; «Pusiste ante ti una nube para que no pasara la oración» (Lam 3,44). Por el contrario nuestras preces estivadas y apuntaladas por las virtudes de todos nosotros mismos, nuestra actitud, según testimonio de Santiago, será tal que «valga mucho si es asidua» (5,10), será la imploración de aquellos «justos de quienes Dios fue la salvación» como lo dice en el salmo el Espíritu Santo (Sal (37 (36), 39); de ellos Dios es «protector en tiempo de tribulación»; no retira de ellos su mirada, «custodia sus senderos» (Prov 2,20), «bendice las casas», dirige los «caminos» (Prov 3,33) y robustece la debilidad. Padres y Hermanos carísimos, así preparados orad, y orad más que para apartar la tribulación, para conseguir para mí y los demás compañeros aquellas mismas virtudes. Y siempre estaríamos (e. 12) contentos con lo que nos aconteciere, si pudiéramos dar con el Apóstol este testimonio: «ya sea que vivamos, ya sea que muramos somos del Señor» (Rom 14,5). En vuestros SS.SS. y OO. me encomiendo.

Roma, 13 de noviembre 1763.

RR.PP. y HH. carísimos. Vuestro siervo en el Señor.

Lorenzo Ricci

Carta del M.R.P. Lorenzo Ricci aa los Padres y Hermanos de la Compañía (16 de enero de 1765)

Sobre la confirmación de nuestro Instituto por S.S. Clemente XIII

1. Envío a Vuestra Reverencia un ejemplar de la muy reciente Constitución apostólica, por la cual nuestro Santísimo Padre Clemente XIII, afirmando los derechos divinos de la Santa Sede Romana, de nuevo aprueba y confirma el Instituto de nuestra Compañía, compadecido de nuestras calamidades, según es su eximia piedad para con los afligidos. Y ¿qué más oportuno pudo desearse para nuestra tranquilidad en estos inicuos tiempos que el hecho de que el Vicario de Cristo en la tierra —el que a Él oye a Dios oye— se haya dignado levantar su voz para confortarnos y excitarnos a defender y amar nuestro modo de vida? Ahora nos corresponde que saquemos todo el fruto que podamos de este singular beneficio de Dios. Y en primer lugar abramos nuestros corazones delante de Dios, dando gracias al Dios de las misericordias y Padre de toda consolación, que nos consuela en toda tribulación nuestra. Por el contrario, procuren todos no echar a perder este beneficio divino con alguna arrogancia; sino que en público demuestren una alegría con modestia y atemperada con la sobriedad y humildad debidas.

2. Acuérdense luego todos cuánto convenga que los que profesan el Instituto sean congruentes con él: como lo atestigua el Vicario de Cristo en la tierra el fin que mira el Instituto es piadoso y santo, y píos y santos son los medios que propone para su cumplimiento. Que se dirijan a este fin todos nuestros pen-

samientos y determinaciones, y no pensemos sea de despreciar alguno de los medios que se contienen en nuestras Constituciones; de donde se seguirá que nuestro proceder y nuestras acciones y la vida toda se modelen con piedad y santidad.

3 . Corresponde además que el más grande obsequio nuestro a la Santa Sede Apostólica Romana sea una obediencia bien dispuesta y un excelente afecto; la autoridad que le fue conferida a él por el mismo Cristo, y el peculiar modo de nuestro Instituto así lo requieren; finalmente, así lo piden los muchos y singulares beneficios que nos han venido de la Santa Sede. Ciertamente si todos los nuestros sacaren estos frutos de este regalo celestial, lo que deseo vivamente, se volverán dignos de más larguezas de la divina misericordia.

4. Finalmente, habiendo el Sumo Pontífice Clemente XIII dado, a más de otros muchos, este solemne testimonio de su paterna piedad y benignidad, es oportuno que nosotros acompañemos este beneficio con una amplia significación de gratitud. Así pues, comunique Vuestra Reverencia todos estos sentimientos míos a toda la Provincia, y ordenará que cada Sacerdote diga seis misas y los hermanos otras tantas coronas por el Sumo Pontífice, para que Dios por largo tiempo conserve incólume al Pastor y al mejor Padre de la Iglesia; que le conceda toda prosperidad, y acompañe con el auxilio celestial todos sus santas determinaciones. Y en cuanto a mí encomiéndenme en sus SS.SS. y oraciones.

Roma, 16 de enero de 1765. De V.R. siervo en Cristo.

LORENZO RICCI

CARTA DEL R.P.N. LORENZO RICCI A LOS PROVINCIALES DE LA COMPAÑÍA (17 DE JUNIO DE 1769)

De cómo hay que prestarse más fervientemente a la oración dados los gravísimos peligros de la Compañía

1. Años anteriores, cuando éramos oprimidos por gravísimas calamidades de todas partes, no perdí las fuerzas para cumplir con mi cargo; aunque agobiado por el dolor necesitaba más que todos a alguien que me consolara en las amarguras de mi alma, y levantara mi ánimo para sobrellevar con fortaleza tantas adversidades; no me cansé de exhortaros a la paciencia con cuantas razones pude y a esperar la ayuda de Dios nuestro Señor en las tribulaciones, por Jesucristo y su Santísima Madre, a quienes constituí principales abogados ante Dios para «importunar (interpelar) por nosotros» (Heb 7,25). Pero ni mi solicitud ni vuestras oraciones se vieron privadas totalmente del fruto deseado: la constancia de ánimo y la fortaleza inquebrantables ante las dificultades, sin debilitarse por los infortunios, con la cual nuestros hermanos, expatriados, lanzados por mar y tierra, sobrellevaron, con gran admiración de todos, tantas y tan grandes desventuras no solo pacientemente sino gozosos y con rostro alegre, como en tiempo de los Apóstoles. Ellos son una demostración de las ideas y de los principios en que se afirmaban y por las cuales eran regidos; demostración también de que Dios estuvo presente de un modo particular para fortalecerlos en las virtudes. Sin embargo todavía no agradó a Dios sacarnos de nuestras tribulaciones, o bien porque no estamos totalmente libres de aquellas culpas a las que con corazón sincero debiéramos llamar causa de nuestros males,

o bien, porque complacido en nuestra virtud aplazó nuestra consolación para tiempos más oportunos.

2. Pero cualquiera haya sido la causa y por qué Dios no del todo oyó nuestros votos, no se debe investigar demasiado; ello se haría sin provecho; «hay que sufrir sus dilaciones» con ecuanimidad; y se ha de esperar el tiempo de su compasión en paciencia y esperanza. En paciencia esperaremos si pensamos que cuanto sucediere de adverso sucede por la voluntad justísima y por determinación de Dios, es decir de un Padre amantísimo que todo lo dirige para nuestro bien y gloria suya. Y en esperanza si sabemos que un Padre amantísimo no acostumbra rechazar y abandonar a sus hijos que esperan en él. Confiados en esta esperanza no cesemos de clamar al Señor; él a su tiempo escuchará nuestras oraciones, si permanecemos constantes en ayunos y súplicas. Ello hay que realizarlo más fervientemente porque a las pasadas calamidades tan duras por la permanencia y largo tiempo ahora se presentan otras nuevas y están al llegar peligros más graves; porque no es que padezca una u otra parte de la Compañía, sino que, como es bien conocido, la Compañía entera es acometida con violencia. Suba, pues, nuestra oración «como incienso en la presencia del Señor» (Sal 141 (140),2): quiero decir de un corazón constreñido por el dolor y encendido por el fuego del amor, para que nuestras preces sean según es la magnitud del peligro y según es el amor a la Madre de todos que se encuentra en grave riesgo.

3. Y como todos los actos de piedad antes encomendados, en los que se ha de insistir hasta que el Señor se compadezca, consisten en obsequios ofrecidos en determinados

tiempos a la Bienaventurada Virgen y al Santísimo Corazón de Jesús, desearía que al ofrecerlos los hagáis con todo el esfuerzo del alma y con la seguridad y fe de obtener lo pedido. El peligro mismo excitará el esfuerzo; la seguridad y fe se aumentará invocando a la Santísima Virgen si pensamos que es Madre de Dios y Madre nuestra. Siendo Madre de Dios tiene mucha valía para implorar con seguridad a su Hijo; siendo Madre nuestra quedará tocada y conmovida en gran manera por nuestras calamidades. Pero cuando nos dirigimos a Cristo o en la diaria visita al Smmo., o en la fiesta del Corazón Sacratísimo de Jesús, querría os acordarais de aquellas palabras que dijo cuando todavía vivía en este mundo: «Acercaos a mí todos los que estáis rendidos y abrumados que yo os aliviaré» (Mt 11, 28). Con tales palabras, como mostrando su corazón abierto a todos los trabajados y fatigados con la carga, suavísimamente los atraía para que corrieran a Él como a casa de refugio y ayuda en los quebrantos. Pongamos ante Él sus promesas y juntamente las calamidades que nos agobian; con ello no dejará de conmoverse siendo Él benévolamente rico en misericordia; pero si alguna vez hace sordos oídos al recibir nuestras preces como si dormitase, esto sucede para que nuestra fe deba ejercitarse, entonces no perdamos el ánimo, sino clamemos más fuerte, usando con toda confianza las palabras del salmo: «Levántate, por qué duermes, Señor: levántate y ayúdanos»; o con aquellas otras palabras de los apóstoles cuando estaban por perecer en el mar en una tempestad levantada de repente: «Sálvanos, que perecemos» (Mt 8, 25-26). Ante estos llamados, Jesús, que estaba dormido en la nave, «increpó» al viento y tempestad del mar; la tempestad cesó y «se hizo una gran tranquilidad». Y se debe atender a que el demasiado temor no debilite o haga sucumbir nuestra fe y seamos dignos de ser increpados como los Apóstoles: «Por qué estáis tímidos, hombres de poca fe?». Pues nada destruye la fuerza de nuestras preces como nuestra poca fe; como nube se interpone para que no suba nuestra oración.

4. Desearía que se añadiera algo más a los ejercicios de piedad ya establecidos para hacerlos en adelante con todo el conato del alma; es a saber, todos vayan a orar durante una media hora en los días de la novena de nuestro Santo Padre Ignacio. En cuyo momento todos postrados a los pies del óptimo Padre, con íntima oración pidamos con instancia que delante de Dios nos cuide con su auxilio como a hijos suyos a la Compañía que fundó, a fin de que peleemos las batallas del Señor y propaguemos su mayor gloria. Pero para que nuestras preces tengan su fuerza, añádenseles los ejercicios de virtudes y mortificación, según la devoción de cada uno y parecer del superior. Pero para excitar en gran manera la devoción, querría que durante esta novena cada uno aplique todas sus fuerzas, y estudie con sincero corazón cómo enmendar su vida según el plan, ejemplos, documentos que él nos dejó, para que de esa manera el Santo Padre se encuentre y se reconozca a sí mismo expresado en la imitación. Una tal reforma también sería útil como una defensa, callada, pero no por eso menos convincente, que podamos emplear. En estos tiempos, más que en ningunos otros, nos hemos convertido en «espectáculo para el mundo, ángeles y hombres» (1 Cor 4,9). Todos tienen puestos sus ojos en nosotros, todos nos analizan con cuidado; los amigos, por una parte, para sacar un fortísimo argumento de defensa de nuestra vida dirigida por la norma de las reglas; por otra parte los

adversarios, para encontrar qué reprender en nosotros y en qué fundamentar. Por lo cual, con muchísimo afecto, a todos ruego insistentemente, usando las palabras del Apóstol, *ut operam detis, ut honeste ambulemus ad eos qui foris sunt.* No quedemos contentos con una clase de virtud inferior que nos haga aceptos a Dios, antes bien procuremos que brille claramente ante los hombres; tanto que, aquellos que nos miran con ojo censor, según ¡ay! lo hacen en demasía, nos encuentren que hablamos y actuamos y usamos tal modestia y moderación en el obrar y tratar, sobrevestidos de Cristo según el dicho del Apóstol, que queden obligados a reverenciar nuestras obras los mismos que son más alejados de nosotros y de sentimiento enemigos: «que el que contrario te respete, no teniendo nada malo que decir de nosotros». Encomiendo estas cosas a todos con la fuerza que puedo y las espero de todos, por aquella tierna caridad que tienen a la Compañía, la cual desea ser defendida por nuestra santidad más bien que con palabras. Hágalo conocer por todas las casas de su Provincia, y muy especialmente me encomiendo en las oraciones de Vuestra Reverencia.

Roma, 17 de junio de 1769. De V.R. Siervo en Cristo.

LORENZO RICCI

CARTA DEL M.R.P. LORENZO RICCI A LOS PROVINCIALES DE LA COMPAÑÍA (22 DE FEBRERO DE 1773)

Sobre un nuevo llamado a oraciones en el sumo riesgo de la Compañía

1. Aconseja el santo profeta David que tengamos constantemente vueltos hacia Dios nuestros ojos, hasta tanto Él, movido a compasión, venga en nuestro auxilio: «así están nuestros ojos fijos en el Señor, Dios nuestro, esperando su misericordia» (Sal 123 (122), 2). Confío, Padres y Hermanos carísimos en el Señor, que perseveréis confiadamente con oraciones, según es vuestro amor para con la Compañía hace ya tanto tiempo afligida, como ya en otras oportunidades lo pedí. Pero aunque el amor vuestro con la Compañía no necesita estímulos para ofrecer de nuevo al Señor rogativas, mi dolor me exige que con un nuevo impulso incite a lo mismo.

2. Veo con confusión que el Señor todavía no se ha dignado a extender su mano para levantarnos. Ciertamente nos ha dado muchísimos argumentos de su misericordia para con nosotros; y nosotros experimentamos en mil maneras su presencia y casi milagroso patrocinio; con todo ha dado libre curso a nuestras calamidades. Adoro sus juicios siempre justos; la causa de las calamidades las atribuimos a nuestras culpas y muy especialmente a las mías, y al Señor le digo en confesión sincera: «Hemos pecado... todo lo que nos hiciste, Señor, con recto juicio lo hiciste» (Dn 3, 29). Y sin embargo ¿qué? ¿Acaso nuestro Dios, cuya naturaleza es bondad, se olvidará de usar de su misericordia? ¿Por ventura Dios se olvidará de su piedad? Antes bien hemos experimentado

que él suele, aun cuando está airado, acordarse de su eximia misericordia. Sabemos que los actos de su misericordia son más abundantes que los de la justicia y que de los otros atributos. Por lo cual a Él ruego, y vosotros juntamente conmigo rogad, que se acuerde de nuestra fragilidad y debilidad, para que se incline a la misericordia y conmiseración; que si su justicia quisiera mirar nuestros pecados, suplicadle que los mire en su Hijo Jesús, que tornó todos los pecados sobre sí y que satisfizo por ellos con tal exuberancia; suplicad que tengamos el don de aquel contrito corazón y humillado que Él nunca desprecia ni suele alejarlo de sí. Así, pues, nuestros pecados no deben impedir que confiemos plenamente en que Dios dará la gloria a su Santo Nombre obrando según es su misericordia. Mucho menos deben desestabilizar nuestra confianza estos tiempos que nos aterran; y más, si comprendemos bien los asuntos, nuestra confianza se debe fortalecer. Completamente solos estamos y faltos de toda estima humana; por consiguiente, Dios se ha reservado a Él solo dirigir nuestro cuidado, y quiere, que en nadie que no le sea agradable, pongamos esperanza de auxilio. De este modo nos trata amantísimamente; nos enseña cuán poco haya de confiar en los hombres, ni permite que pongamos parte de nuestra esperanza en otros, y que nuestras acciones de gracia se dirijan a nadie sino a Él. Pero por este mismo motivo el triunfo de su misericordia será mayor, como que será más claro y visible. Y nosotros ¿qué temeremos, si el mismo Dios es nuestro escudo y nuestra protección? Más aún para nosotros se convertirá en ganancia ser abandonados de los hombres; como quiera que Dios atestigua que quiere ser padre de los huérfanos y protección de los abandonados. Con semejantes afectos de humildad y confianza, pero vehementes y sinceros implorando auxilio y misericordia, levantemos nuestros brazos y ojos al cielo donde habita aquel Señor que se gloría de ser llamado ayudador oportuno en las tribulaciones.

3. La oración debe además ser fervorosa. El santo profeta David en sus salmos, en los cuales se encuentra como una práctica disciplina para orar, muchísimas veces repite que él suplica con instancia al Señor de lo más profundo de sus tribulaciones, y esto no en voz baja, sino en voz alta y con clamores: «Desde las profundidades clamé hacia ti, Señor: estando atribulado clamé al Señor» (Sal 120, (119), 1); del mismo modo, en otros lugares se sirve de esta manera de hablar. Tales vociferaciones y clamores significan el fervoroso esfuerzo con que se debe orar; el cual debe ser tan grande cuan grande es la tribulación que se pasa y cuan grande y cuan vehemente el ansia de la liberación. No hay por qué me detenga en expresaros cuáles y cuán grandes son las aflicciones que padece la Compañía; todos saben que los daños presentes son enormes, y enorme el temor de los futuros. Deseáis que ella sea liberada de los males tan vehementemente, como grande es el amor que le tenéis. Y con razón: ella os enseñó el camino de la salvación; no puede haber beneficio mayor que ese y que más pueda interesaros.

4. Por lo demás, nuestros ruegos deben ser hechos en nombre de Jesucristo; y así por cierto deben ser para que tengan la eficacia para acercar a nosotros el corazón del divino Padre, según aquello que Jesús aseveró: «Si algo pidiéreis al Padre en mi nombre, os lo dará» (Jn 16,23). Con todo, ¿quién puede dudar de que estas oraciones se hacen en nombre de

Jesucristo? Pedir en nombre de Jesucristo, como explica san Agustín, es pedir lo que conviene y conduce a la salvación eterna. Y nosotros, ¿qué otra cosa pedimos cuando levantamos nuestros corazones a Dios por la conservación de la Compañía y por nuestra perseverancia en la misma? Rogamos al Señor que nos permita perseverar en esta vocación, por la que fuimos destinados a este Instituto piadoso, santo, laudable, en gran manera fructuoso, y sumamente apto para promover la gloria de Dios y salvación de las almas; de esta manera lo designó la Iglesia y también los Vicarios de Cristo; pedimos se nos obtenga cumplir fielmente lo que prometimos a Dios cuando le dirigimos nuestros voto; pedimos conformas nuestras ideas con las leyes, que nos prescribió nuestro santísimo padre, ardiendo en el gran ardor por la salvación de las almas; para ello fue ilustrado por una luz divina; me refiero a leyes sacadas de la divina sabiduría y escritas a la luz del santo Evangelio, como resulta claro a los que las consideran atentamente; pedimos con nuestras súplicas seguir la pisada de los muchos Santos canonizados y de tantos hombres de eximia santidad; estos santos, sin duda gracias a la observancia de las reglas, acumularon multitud de méritos y merecieron singular gloria y felicidad en el cielo. ¿A cuán grande esperanza debemos acceder con la consideración de que nuestras súplicas están hechas verdadera y propiamente en nombre de Jesús y teniendo presente que con las oraciones hechas en su nombre no pueden dejar de conseguir lo pedido?

5. Pero además de las recordadas condiciones intrínsecas de la oración, otras extrínsecas valen muchísimo para fortalecerla y para aumentar su eficacia. ¿Cuánta fuerza adquieren

nuestros ruegos cuando son acompañados con la inocencia de una vida santa y con actos de santas virtudes? Más benignamente son recibidas y más fácilmente obtienen lo pedido las postulaciones hechas a los príncipes por hombres que les son gratos; también obtienen grandísimos beneficios las oraciones de las almas inocentes y santas ante Dios y tanto que algunas veces se alteran las leyes de la naturaleza y se obran milagros por su intercesión. Por lo cual, cuanto más avancemos en la amistad con Dios, tanto mayor eficacia y valor lograremos con nuestras oraciones; mucho más gustosos los ángeles las llevarán ante el trono de Dios; y los Santos que invocamos y cuyo auxilio nos hemos conciliado, con mayor atención juntarán sus fuerzas con nuestras preces, principalmente san Ignacio y tantos otros varones de la Compañía que viven en el cielo; ellos ahora aman más el Instituto que los condujo a la gloria y con una solicitud mucho mayor cuidarán una respuesta favorable a los pedidos de los que más fielmente cumplen con el Instituto.

6. Vivificad pues, Padres y Hermanos carísimos, vuestras oraciones, haciendo diligentemente todo acto de piedad, con mutua caridad entre vosotros mismos, con obediencia y respeto a quienes tenéis en lugar de Dios, con aguante en los trabajos, pesadumbres, pobreza, ultrajes, soledad y separación, con prudencia y evangélica simplicidad en el obrar, con el buen ejemplo en obras y pías conversaciones. Pedimos a Dios la conservación de la Compañía así delineada. Si sucediera que ella fuera despojada de este espíritu, lo que Dios no permita, en verdad que nada importaría que dejara de existir; porque resultaría inútil para el fin para el que fue fundada. Los que se dedicaren a extinguirlo en otros,

introduciendo el contrario espíritu de faltas de observancia, discordia, osadía, rebeldía, traerían la ruina segura de la Compañía, con el más grande perjuicio para la gloria de Dios, salvación propia y de los prójimos. Pero libre Dios de que uno solo de esos subsista entre vosotros.

7. Ved aquí, Padres y Hermanos carísimos, mi ruego y la causa única que me movió a escribiros esta carta. Os pido oraciones en nombre de toda la religión, en favor de la misma religión pido y finalmente por vosotros mismos; por el bien queridísimo por vosotros, por el bien que os interesa máximamente, más que por él por ningún otro debéis inquietaros. No me propongo ordenar más oraciones; con todo encargo que se continúen las que en otras oportunidades señalé, de un modo especial, la diaria visita al Santísimo Sacramento, que desearía se perpetuara en la Compañía. Dejo al arbitrio de cada uno las oraciones extraordinarias que piden las calamidades de estos tiempos, y el amor con que cada uno abraza la Compañía. También podrán ser ordenadas para determinado tiempo por los Superiores. Solo resta que encomendéis en vuestros sacrificios y oraciones.

Roma, 22 de febrero de 1773. RR. VV. Siervo en Cristo.

Lorenzo Ricci

CARTA DEL M.R.P, JAN ROOTHAAN A LOS PADRES
Y HERMANOS DE LA COMPAÑÍA (24 DE JULIO DE 1831).

Sobre las tribulaciones y persecuciones.

1. Aunque no hay por qué dude, RR.PP. y HH. carísimos, que todos cuantos gozan de ser hijos de la Compañía y de san Ignacio estén con el temple y preparación para no solamente cumplir con alegría los deberes de su vocación y tomar cualquier otro trabajo en ella, sino también para tolerar con entereza lo adverso, y aun desearlo por inspiración de la divina gracia y recibirlo con gozo; sin embargo me parece que los tiempos en que vivimos piden que asegure a los muy animados, reanime a los un tanto débiles y finalmente que no omita consolar a todos con la palabra del Señor, según mi capacidad. Pues esto el Santo Padre nuestro comprendió por luz divina desde los mismos comienzos de la Compañía, cuando el Señor, tal cual estaba en la cruz, le prometió que sería propicio a él y a sus compañeros, y lo que sabemos que el mismo padre nuestro después pidió y solicitó con ahínco es que la Compañía no careciera de tribulaciones: esta familia no solamente consiguió antes esto y no poco, sino que por cierto lo experimenta abundantemente en estos tiempos nuestros. Ciertamente no sé si antes alguna vez, al mismo tiempo y en tantos lugares juntamente se haya levantado contra ella y su nombre tan universal envidia y odio de gente malévola; a lo cual se añade abundancia de calumnias, afrentas, malos tratos, despojos, destierros que para los hombres son mal, pero ante Dios un bien, regalo de Dios. Pues tantos de los nuestros, como no ignoráis, han experimentado mucho de esto en varios lugares y en el espacio

de un año, y es lícito dudar de la perspectiva del fin, o si más cosas semejantes se preparan para los nuestros. Así, pues, me determiné a hacer por medio de una carta lo que no me es posible en vuestra presencia y a viva voz: exhortaros del mejor modo que puedo, a sentir lo que piden los tiempos y es digno de nuestro nombre y vocación.

2. Y en primer lugar todo esto es por cierto digno de la mayor congratulación, ni veo qué otra cosa nos puede inducir a abrazar más estrechamente nuestra vocación con sumo afecto y a dar gracias a la Divina Majestad, como la siguiente consideración: el que la suma bondad nos haya conducido, tal vez sin saber nosotros qué nos acontecía, a una Compañía que mereció tener tanta parte en esa gloriosa suerte que el Señor se dignó distinguida con el nombre de felicidad: «Felices vosotros cuando os insulten, os persigan y os calumnien de cualquier modo por causa mía» (Mt. 5,11) y de nuevo: «felices vosotros cuando os odien los hombres y os expulsen y os insulten y propalen mala fama de vosotros por causa del Hijo del Hombre» (Le. 6,22). Padres Reverendos y Hermanos carísimos, no sin gran consuelo vemos que aquellas palabras del Señor se cumplen en nuestra familia. Porque verdaderamente nos maldicen y nos persiguen, y lo que es como un compendio de todos los vejámenes y juntamente riquísima fuente, propalan mala fama de nosotros, y por cierto lo dicen mintiendo. Dios y nuestra conciencia son testigos de que no profesamos una vida dedicada a los crímenes que no cesan de acumular contra nosotros, con los cuales van divulgando y a muchos ignorantes persuadiendo de que no somos hombres sino monstruos prodigiosos de hombres, ruina y peste de la sociedad.

Verdaderamente también nos segregan y nos ponen fuera de derecho y de justicia, como a quienes se les debe negar la libertad y la tutela de las leyes, que ellos se ufanan en proclamar en favor del resto de la humanidad, como que nos tuvieran por facinerosos, abiertamente convictos y condenados sin examen de causa; a nuestro nombre lo repelen por ímprobo y no por otra causa sino por la del Hijo del Hombre que se nos dignó llamarnos a su participación; a este santísimo nombre le declaran la guerra y odian; esto demuestran por sus palabras y modo de obrar que a nuestro nombre lo unen ya con los que siguen la piedad y la fe; lo demuestran porque nos persiguen abiertamente con el mismo odio con que persiguen al Vicario de Cristo Jesús, a su santa Iglesia y a cuanto de santo, puro y cristianamente piadoso existe, siendo perversos aborrecedores de toda la Iglesia.

3. Por consiguiente, el que así nos suceda con el mundo que tanto odió antes a Cristo y el que seamos llamados a tan noble parte de afrentas de la cruz de Cristo es razón para que nos gloriemos, Padres y Hermanos carísimos, y confieso de verdad que no puedo pensar en esto sin cierta confusión íntima en mi alma. Y ¿quién soy yo, Señor, que me hayas querido hacer partícipe de esa tan grande gloria? Y ¿de dónde a mí que te hayas dignado contar en la suerte de carísimos y fidelísimos siervos tuyos? Ciertamente el Apóstol pondera este beneficio con estas palabras: «porque a vosotros se os ha concedido el privilegio de estar al lado de Cristo, no solo creyendo en él sino sufriendo por él» (Fil 1,29). Y Pedro exhorta a los que sufren vejámenes por el nombre de Cristo: «Si os escarnecen por ser cristianos, dichosos vosotros; eso indica que el Espíritu de Dios reposa en vosotros»

(1 Pe 4,14-16). El que atentamente y con mucho cuidado analizara la fuerza de estas palabras, sentiría que apenas ni en el cielo se podría encontrar algo más grandioso, si excepcionas únicamente el placer del gozo purísimo. Aunque ni de esto tampoco quiso el Señor que carecieran sus atletas, al menos «en esperanza gozando» (Ro 12,12) pues dice: «Dichosos vosotros cuando os insulten… estad alegres y contentos porque Dios os va a dar una gran recompensa» (Mt 5,12). Aún más, concede gozar a algunos más fervorosos de las alegrías ya preparadas y gozos presentes en los mismos tormentos de la cruz, como lo decía aquel: «me siento lleno de ánimos, reboso alegría en medio de todas mis penalidades» (2 Cor 7,4).

4. Así pues, sea este nuestro primer pensamiento, RR. PP. y HH. en Cristo carísimos, digno de un compañero de Jesús, pensamiento digno de un hijo de Loyola conforme al dicho de Santiago: «Teneos por muy dichosos, hermanos míos, cuando os veáis asediados por pruebas de todo género» (1,2). Tan lejos esté que alguno de nosotros estime menos el gran beneficio de la vocación a la Compañía, porque la vea como el signo de contradicción, que por eso mismo la admiremos más y aprendamos a juzgar tanto más preclaro y conservar con más cuidado un tan precioso don de Dios. Por cierto que se ha de deplorar con amargas lágrimas el infortunio de algunos pocos que lamentamos arrancados de nuestras filas por la tempestad, ya sea porque «temieron el viento fuerte» (Mt 14,30) o porque insuficientemente apoyados en Dios, no estuvieron bien «arraigados en caridad» (Ef 3,17). Pero que esté lejos de cada uno de nosotros la deshonra de ofender criminalmente nuestra gloria, como con razón dijera

san Bernardo: «juzgo vida digna, hacer todo bien, padecer mucho y así perseverar hasta el fin».

5. Pero esta inconstancia y triste ruina de algunos pocos que recientemente recordé me sugiere otro pensamiento, el que vehementemente querría excitar en vosotros con ocasión de los vejámenes que sufrimos. Y es que unamos una verdadera y profunda humildad con un espíritu alegre y exaltado por el bien de la causa. Pues ciertamente nada puede haber más glorioso que la causa de nuestra vocación, o, lo que es lo mismo la causa de la virtud, de la religión y de los padecimientos por Cristo; con todo podemos y debemos pensar que mientras el mundo nos aborrece con el mismo odio con que persiguiera a Dios mismo, puede suceder que Dios haya dado potestad al mundo para vengar nuestras culpas, digo, no de todos, pero al menos de algunos; culpas tal vez que, si ante los hombres no son tan graves, sí lo son ante los ojos de Dios purísimos y más penetrantes que el sol; por ello mereceríamos padecer todo lo que sufrimos y más también. Pues qué, Padres y Hermanos carísimos, ¿acaso tanto nos podemos lisonjear y contentarnos de nosotros mismos que lleguemos a persuadirnos de que somos tal cual nuestra vocación nos pide? ¿Habrá alguien entre nosotros que parezca fácilmente satisfecho de sí mismo en cierta mediocridad de virtud lo cual como decía nuestro Santo Padre, sufría no poca bondad y de poca estima en la vida común de los hombres, pero entre nosotros debía ser tenida por poco y nada? ¿Y si eso se compara con lo que requieren de nosotros el Instituto, las reglas, nuestra contraseña *Ad maiorem Dei Gloriam*, el noble «Compañía de Jesús» que nos distingue y finalmente los insignes beneficios que Dios nos ha dado? ¿Cuán grande

debería ser, pregunto, en todos nosotros la rectitud y sinceridad de intención? ¿Cuánta nuestra familiaridad y unión con Dios en la oración y en el trabajo? ¿Cuánta la desestima de cada uno de nosotros en cuanto al nombre, fama, y toda apariencia de mundanismo? ¿Cuánto el desprecio de las propias comodidades? ¿Cuán grande el deseo y la tolerancia de los sufrimientos por Cristo? ¿Cuánta la prontitud y perfección de la obediencia? ¿Cuánta la pureza en angélica vida apostólica y la ausencia de culpas leves? ¿Cuánta la concordia y unión de caridad entre nosotros? ¿Cuán grande el amor a la salvación de los prójimos, cuánta destreza? ¿Cuán grande finalmente el cuidado de cumplir con el deber, no por cierto arbitrariamente sino conforme con aquellas leyes que nuestros antepasados nos dejaron, solo en las cuales principalmente se mantiene firme, florece y merece una más abundante ayuda divina? De mí confieso de verdad que de vez en cuando temo que Nuestro Señor juzgue que su Compañía necesita no solamente probación sino purgación por la negligencia de algunos, de pocos tal vez, para adquirir una virtud sólida y perfecta; temo también no sea que por eso «Satanás os ha reclamado para cribaros como trigo» (Lc 22,31) y por eso también el Señor haya determinado «purgar su parcela». Por cierto que sus palabras son como para despertar y sacudir al perezoso o dormido: «todo sarmiento mío que no da fruto lo corta el Labrador celestial, los que dan fruto los limpia para que den más» (Jn 15,2).

6. Este es, pues, el segundo sentimiento que deseo se avive en nosotros, para que nos humillemos bajo la mano de Dios en las tribulaciones que ya padecemos o tememos para el futuro. Pues, sin duda, de nada serviría, PP. y HH. carísi-

mos, que nosotros mismos nos adulemos, nos engañemos, y tan fácilmente con un exiguo trabajo y pequeño precio, por así decirlos, nos persuadamos con flojera de que somos verdaderos hijos de Ignacio, verdaderos compañeros de Jesús. Por el contrario el sentimiento de humildad a que me referí siempre es fructuoso: «Hazte pequeño en la grandeza, dice el Eclesiástico, y alcanzarás el favor de Dios» (Eclo 3,18). Si fuéremos humildes de verdad alcanzaremos el favor de Dios, y encontrar en él gracia bastante, aunque el favor de los hombres disminuya o absolutamente nos abandone. Por lo cual, examinando con mucho cuidado en qué consiste nuestra vocación, pidamos con humildad, «Señor, dame a conocer mi fin y cuál es la medida de mis años» (Sal 39 (38), 5); para que considerando cuál es el fin para el que el hombre fue creado y llamado a la fe, y por qué de la vocación religiosa y sacerdotal, y en ella el grado y oficio de cada uno, considerando, digo todo esto, atenta la mente y con ojos iluminados con luz celestial, veamos qué mucho nos falta, lloremos nuestra imperfección y adquiramos nuevas fuerzas para mantenernos más firmes y adherirnos más estrechamente a las pisadas de nuestros padres y a la fiel imitación de Cristo Jesús, Jefe nuestro y vivo ejemplo. Y ciertamente no sé de qué modo mejor podamos aplacar a Dios que con la humilde solicitud, como dije; más aún, tengo fe que con ella hemos de rechazar y confundir la fuerza de las persecuciones, porque «cuando Dios apruebe nuestra conducta, como dijo el Sabio, nos reconciliará con nuestros enemigos» (Prov 16,7); es decir, que ilumine sus mentes ciegas, toque los corazones, y que al fin a adversarios sumamente contrarios los convierta en deseosos de nuestra ayuda, con la que podamos hacerles bien según podamos y no solo con oraciones y súplicas como ahora lo hacemos. Por lo demás si nos mantenemos con la disposición que dije, en cualquier cosa que permitiéndolo Dios aconteciere, experimentaremos la verdad de aquel dicho usado por la Iglesia: «ninguna cosa adversa nos dañará, si ninguna iniquidad nos domina».

7. Por lo que dije acerca de conseguir una solícita humildad, no querría que la confianza disminuyera en lo más mínimo, RR.PP. y HH. carísimos: más aún al fin pido y pretendo eso mismo, que cuanto más humildes fuéremos de alma tanto mayor fe en Dios conciliemos; avivemos esa fe en nosotros con la ayuda de la divina gracia y auxilio de santa oración; fomentémosla lo más grande y amplísima que podamos. Pues qué, PP. y HH. carísimos, si hay alguno entre vosotros abatido tal vez por el temor de futuros acontecimientos «¿por qué», digo, «sois cobardes»? ¡Qué poca fe! (Mt 8,26) ¿Acaso «sucede una desgracia en la ciudad que no la mande el Señor»? (Am 3,6) ¿Acaso lo que el Señor hizo puede ser todo malo? ¿Acaso no es cierto que de todo, aun de aquellos males «con los que aman a Dios él coopera en todo para su bien»? (Rom 8,28). Y de verdad ¿qué será lo que nos podrá dañar si amamos a Dios? ¿Qué, lo que también nos aprovechará muchísimo?

8. Pues cualquier mal, que aun con los más pesimistas pensamientos querramos imaginarnos (de antemano), ¿a dónde, por favor, a dónde terminará el furor del mundo todo, de todo el infierno? ¿Tal vez acometerá con manos violentas, con cárceles, tormentos y muerte? Estas son cosas extremas ni podrá hacer mayores que esas por más que se ensañe. ¿No es así que de esas mismas penas dice el Señor «no ten-

gáis miedo de los que matan el cuerpo»? (Mt 10, 28). Pero yo juzgo así, y no dudo que pensamos lo mismo, PP. y HH. carísimos, que es un sumo bien derramar la sangre y perder la vida en tan buena causa; y, si algo de esto, aun con temor esperamos, no me parece presuntuoso, como si aspiramos a eso tan grande gloria de la que somos totalmente indignos. ¡Aunque ojalá fuésemos dignos! ¡Ojalá por lo menos unos pocos de nosotros fueran dignos de tal feliz suerte! ¿Cuán muchos, me pregunto, varones apostólicos de entre nuestros padres se sostenían únicamente con esta esperanza en sus trabajos y calamidades? Se proponían esto como única meta y regalo, a la que llegaron luego de muchos trabajos e injurias. Pero si nos sentimos indignos de tanto bien, por lo menos, lo ruego, no lo temamos. Más bien atendamos al Señor cuando anunció aquellos gravísimos acontecimientos, «seréis odiados por todos» a causa de mi nombre. Más bien pensemos que el Señor, cuando anunció las gravísimas amenazas del mundo «todos os odiarán por causa mía», cerró sus palabras con una sentencia digna de ser considerada «pero no perderéis un pelo de la cabeza» (Lc 21, 17-8). Qué muchos de los nuestros lo han experimentado de un modo singular en estos mismos tiempos, y fueron sacados de en medio de los peligros por la divina Providencia.

9. Entonces, ¿qué temeremos? ¿Tal vez que, privados de lo que la divina Providencia nos proveyó hasta ahora para nuestro sustento, reducidos a estrecheces en lo doméstico y oprimidos por las necesidades, lleguemos a carecer no solo de lo conveniente pero aún de lo necesario? Pero ¡ojalá fuésemos dignos de que alguna vez gustáramos el fruto de la santa pobreza más abundantemente, la cual nos tiene ahora

en comodidad y nos ofrece cada día una limosna bastante espléndida! Nos volveríamos semejantes a aquellos padres nuestros que de verdad, pienso, fueron ricos en virtudes, dones celestiales y méritos ante Dios, tanto como carenciosos de muchas cosas según su modo de vivir; ellos no solo tenían afecto a la pobreza, sino de hecho la experimentaban, faltos no raras veces de medios de subsistencia. A propósito de ello soy gustoso de recordar unas palabras de san Ignacio (en el Examen. Gn 4,26) que siempre que las leo me conmueven no poco: *Cum enim, inquit, qui primi huiusmodi indigentiam ac penuriam maiorem rerum corpori necessarium probati fuerint, qui post eos accedent, curare debent ut quoad poterunt eo pertingant quo illi pervenerunt, vel ulterius etiam in Domino progrediantur.* Además es oportuno recordar aquella pregunta que Jesús hizo a sus discípulos: «¿Cuando os envié sin bolsa, sin alforja, sin sandalias, os faltó algo? Contestaron: Nada» (Lc 22,3-5).

10. Pero si ni la muerte ni la extrema pobreza se han de temer, ¿otro infortunio tal vez nos amenaza, consistente en que nos tengamos que separar uno de otro, dispersos por el mundo, para que desviemos la fuerza de las persecuciones? No niego, PP. y HH. carísimos, que esta prueba, según pienso, tanto para mí como para todos vosotros, de verdad sería gravísima. Y ¿qué? No es «del Señor la tierra y cuanto la llena» (Sal 24 (23), 21). ¿Acaso no seríamos hijos de Dios dondequiera que estuviéramos e hijos de la divina Providencia que no sabe abandonar a los que ama porque toda ella es paternal? Finalmente, si tal aconteciere, no sería definitivo sino por poco tiempo, con lo que se probaría nuestra virtud de la constancia. En tal forma queda en mi alma la

fe de que de nuevo nos hemos de reunir, y en breve, que no he dudado en tomar las palabras del Profeta: «Yo mismo lo veré, y no otro; mis ojos lo verán» (Job 19, 22). Esta esperanza descansa en mi pecho. Tantas y tan grandes misericordias experimentadas por la Compañía aún en tiempos recientes miradas por los seglares mismos como un milagro, tan grandes misericordias, digo, no nos permiten dudar de que el que comenzó la obra la perfeccionará. Si bien nos hiriere, nos sanará; si nos dispersare, nos congregará. Por lo cual fortalezcamos el ánimo todos cuantos somos, fuere lo que fuere cuanto el Señor dispusiere y digamos con el apóstol: «estamos orgullosos también de las dificultades, sabiendo que la dificultad produce la entereza; la entereza, calidad; y la calidad, esperanza y esa esperanza no defrauda» (Rom 5, 3-5).

11. La nave de la Compañía es maltratada por la olas; no es de maravillarse: ¿acaso la barca de Pedro no está siendo agitada por una tremenda tempestad? Es decir, la noche y el poder de las tinieblas se echan encima. Nos cuesta trabajo remar: Pío VII nos llamó remeros; ¡ojalá seamos fuertes e inquebrantables en las luchas! Nos cuesta remar, digo; hay viento contrario. Pero no cesemos, PP. y HH. carísimos; empezará a orillar la luz, y Jesús, que ciertamente sabe lo que los suyos están penando, llegando se presentará y «caminando sobre las olas rechazará las olas con su divina pisada» y cesará el viento y habrá tranquilidad. Clamemos, sí, orando: «Señor sálvanos». Pero no tengamos demasiado temor de perecer, no sea que, como a los Apóstoles, el Señor benignísimo nos arguya de timidez, «hombres de poca fe». «Esperemos, trabajemos virilmente, confórtese nuestro corazón y espere-

mos en el Señor» (Sal 26, 14). «Porque ya falta poco para que llegue el que viene, no se retrasará» (Heb 10, 37). Entretanto, no dejemos de «pedir a Dios, que da sin regatear y sin humillar» (Sant 1,5) nos dé lo que el Apóstol llama «lo mejor», nos dé a todos la gracia de «robustecernos interiormente» (Heb 13 ,9) con tranquilidad de corazón. Al mismo tiempo meditemos siempre aquel aviso de Pedro: «los que padecen según el designio de Dios, que practiquen el bien, poniéndose en manos del Creador que es fiel» (1 Pe 4,19). «Tras un breve padecer, Dios que es todo gracia y que os llamó por el Mesías a su eterna gloria, Él en persona os restablecerá, afianzará, robustecerá y dará estabilidad. Suyo es el dominio por los siglos de los siglos. Amén» (1 Ped. 5 ,10).

Me encomiendo en los SS.SS. y OO. de todos. RR.PP. y HH. carísimos en Cristo.

Roma, 24 de julio de 1831. Siervo de Cristo.

JAN ROOTHAAN

CONTRA EL ESPÍRITU DE «ENSAÑAMIENTO»

Diego Fares S.I.

El «espíritu de ensañamiento» es algo que siempre ha estado presente en la historia de la humanidad. Cambia de forma, pero siempre se trata del mismo dinamismo que lleva a unos a ensañarse contra los otros. Se manifestó por primera vez en la rabia de Caín, que lo llevó a matar a su hermano, y se sigue desencadenando en la furia del demonio, que al no poder matar a la Mujer —figura de la Iglesia—, se dirige contra el resto de sus hijos (cfr. Gn 4,6 y Ap 12,17). Las nuevas formas toman hoy nombres como *bullying* y encarnizamiento mediático.

En una reciente homilía en Santa Marta, el papa Francisco reflexionó acerca del misterio del mal que se revela en el *bullying*, en la acción de «agredir al débil»: «Los psicólogos darán buenas explicaciones, profundas —añadió—, pero yo solo digo (que lo hacen) también los niños […], y esta es una de las marcas del pecado original, esta es obra de Satanás».[1]

La mención a Satanás nos advierte acerca del carácter decididamente espiritual de un comportamiento que, por algu-

---

1 Francisco, *Homilía en Santa Marta*, 8 de enero de 2018.

nas expresiones que usamos para nombrarlo —«accanimento» en italiano, «encarnizamiento», en español—, sería obvio pensar que se trata de algo animal, cuando en realidad no es así. Mezclado y confundido con lo carnal se esconde un «plus» de ferocía y de crueldad gratuita, que produce gran desasosiego y confusión mental cuando vemos sus efectos. Pensemos en la adolescente que se suicida al no soportar ver una triste imagen íntima suya viralizada en internet.

El espíritu de ensañamiento es demoníaco, en el sentido de antinatural: no solo es destructivo, sino autodestructivo; es contagioso y genera efectos nocivos a nivel social: orfandad, sentimientos de desasosiego y desarraigo, confusión. Y dado que se esconde y se confunde dentro de otros fenómenos, es necesario exponerlo a la luz del discernimiento espiritual para no equivocarse acerca del modo de resistirlo: es posible, por ejemplo, contagiarse de su dinamismo perverso mientras se está combatiendo contra alguno de sus efectos.

Hay que tener en cuenta que, junto con el ensañamiento groseramente destructivo, hay otro «educado»[2] que actúa de manera más solapada pero con idéntica y sistemática crueldad. ¿No es acaso sintomático que utilicemos el término «inhumano» o «deshumanizar», sin reflexionar a veces que con ellos no queremos decir «animal» sino algo de otra naturaleza?

Una breve fenomenología del «espíritu de ensañamiento» nos ayudará a reconocerlo mejor para poder interpretar

---

2   Hay, sin embargo, «otra persecución de la que no se habla tanto», una persecución «disfrazada de cultura, disfrazada de modernidad, disfrazada de progreso: "Es una persecución —yo diría un poco irónicamente— *educada"* [...]. Al jefe de la persecución *educada* Jesús lo llamó el príncipe de este mundo» (Francisco, *Homilía en Santa Marta*, 12 de abril de 2016).

su malignidad de modo tal que se active el deseo de resistir-lo con la ayuda del Espíritu, de rechazarlo y expulsarlo de nuestro interior y de las estructuras sociales en las que se encarna. Como dice la oración del «Ven Creador»: *Hostem repellas longius*, «Repele al enemigo lo más lejos posible».

Para comprender de qué modo se puede resistir sin contagiarse tendremos en cuenta una recomendación que el papa Francisco hizo en su encuentro con los jesuitas de Perú, durante su último viaje apostólico a Latinoamérica. En aquella ocasión mencionó *Las cartas de la tribulación*,[3] de la cuales afirmó que: «Son una maravilla de criterios de discernimiento, de criterios de acción para no dejarse *chupar* por la desolación institucional»[4] y «atinar con el camino a seguir» en «momentos de turbación, en los que la polvareda de las persecuciones, tribulaciones, dudas, etc., es levantada por los acontecimientos culturales e históricos». Hay «varias tentaciones (que son) propias de este tiempo: discutir las ideas, no darle la debida importancia al asunto, fijarse demasiado en los perseguidores […], quedarse rumiando la desolación…».[5]

De las distintas tentaciones que se dan en tiempo de tribulación pondremos en evidencia la del «espíritu de ensañamiento», mediante el cual el espíritu maligno no solo nos tienta a oponer resistencia a la gracia, sino que da un paso más: nos involucra y nos convierte en cómplices de su afán por destruir nuestra propia carne.

---

3 Las citaremos con la sigla CT y el número de página.

4 Francisco, «¿Dónde es que nuestro pueblo ha sido creativo? Conversaciones con jesuitas de Chile y Perú», en *La Civiltà Cattolica Iberoamericana* II, 2018, n. 14, pp. 7-23.

5 Cfr. íd., *Encuentro con sacerdotes, religiosos y religiosas, consagrados y seminaristas*, Santiago de Chile, 16 de enero de 2018.

Fenomenología del ensañamiento

Cuando hay ensañamiento todos reaccionamos «visceral-mente». Las distintas lenguas expresan este fenómeno haciendo hincapié en diversos aspectos. En italiano se usa la expresión *accanimento,* que tiene en cuenta al *sujeto* —el perro— y destaca el aspecto subjetivo de la ferocidad. En español, «encarnizamiento» hace referencia a la carne, considerando el *objeto* sobre el que se desata la furia. El inglés y el francés hablan de *fierness* y *ferocité* resaltando la ferocidad de la *acción* misma. En alemán, *Hartnäckigkeit* significa «dureza de cerviz» y destaca un *rasgo físico,* que grafica una determinación despiadada en la prosecución de su objetivo.

Si se analiza el fenómeno del *bullying,* por ejemplo, se comprende que no es algo fácil de clasificar, aunque ciertas características recurrentes —premeditación de la agresividad, sistematicidad, asimetría de poder— permiten encuadrar un episodio particular dentro de esta categoría.[6] Pero la descripción de algunos rasgos que son comunes en abstracto no penetra en el núcleo del fenómeno, en su maldad sin motivo aparente, que en cierto punto se intensifica de manera exponencial y se vuelve contagiosa. Características como estas nos llevan a pensar que no se trata de una cuestión meramente instintiva y animal sino que hay algo más.

El contagio es un elemento significativo a tener en cuenta para interpretar el espíritu de ensañamiento. No todos ni en todas las épocas nos ensañamos con los mismos objetos, pero cuando vemos a alguien que se ensaña se desata un

6   Cfr. G. Cucci, «Acoso y ciberacoso. Dos fenómenos en aumento», en *La Civiltà Cattolica Iberoamericana* II, 2018, n. 13, pp. 35-48.

impulso mimético muy fuerte, tanto en los que se suman al ensañamiento del agresor, como en los que defienden a la víctima con una dinámica similar. Y cuando hubo ensañamiento, el germen de la venganza queda sembrado: el contagio se propaga en el tiempo.

Otro elemento a considerar es que, aunque pareciera que la crueldad humana siempre ha sido la misma y que con la civilización ciertas cosas ya no se hacen, en realidad sucede lo contrario: con la sofisticación de la tecnología, el espíritu de ensañamiento se vuelve cada día más cruel en los efectos y más «políticamente correcto» en su modalidad. ¿No es sintomático que tendamos a interpretar como menos feroz un misil teledirigido que una sangrienta batalla cuerpo a cuerpo? El hecho de que «se vea menos sangre» no significa que sea menor el espíritu de ferocía; todo lo contrario: se vuelve más preciso, más sistemático y más inhumano.

Señalamos, por fin, una paradoja. Lo que incita, sostiene y exacerba el «encarnizamiento» es —al mismo tiempo— la fragilidad y la resistencia concreta de la carne. No es posible «encarnizarse» con algo sólido como un hierro ni con algo que no opone resistencia con su materia misma, como podría ser al agua o el aire. Esta paradoja nos lleva a descubrir una contradicción. No tiene sentido «encarnizarse con la carne» ya que, pasado cierto límite, esta deja de ser objeto adecuado para un exceso de furia. En cierto punto, surge «naturalmente» el reclamo de frenar el ensañamiento, de «tener piedad». Si algo hace que uno «se tape los oídos y arremeta con redoblada furia» contra la víctima inerme, ese «algo» es el espíritu de ensañamiento. Este espíritu se revela como algo no meramente instintivo, sino fruto de una decisión lúcida y libre que se complace en «hacer el mal por el mal mismo».

Baste lo dicho para discernir, inequívocamente, que es correcto hablar de «espíritu de ensañamiento» y no de «instinto». En realidad, cuando hablamos de los animales usando expresiones como «instinto asesino» o «animal cebado en la sangre», proyectamos una maldad por la maldad misma, elegida con redoblada lucidez y pertinacia, de la que el mundo animal carece en absoluto. Y si la tiene, se limita al ritmo dictado por el impulso y por la satisfacción del instinto, que es inmediato cada vez, e imposible de planificar a largo plazo.

Cuando el ensañamiento daña el diálogo

Esto nos lleva a analizar de otra manera el fenómeno del «encarnizamiento mediático». El hecho de que el espíritu de ensañamiento se mantenga en el ámbito de las palabras y la violencia no llegue a las manos sino que, a lo sumo, se manifieste en el tono y en algunos gestos, no significa que hayamos salido del ámbito del ensañamiento y estemos en terreno civilizado. ¡Todo lo contrario! Es precisamente aquí, en la violencia verbal, en la mentira, la calumnia, la difamación, la detracción y el chusmerío, donde el espíritu de ensañamiento tiene su cueva y desde allí domina.

Francisco ejecuta un desenmascaramiento neto y drástico de algunas tentaciones. Cosa de la que algunos se burlan —como diciendo que el Papa «exagera»— cuando comentan que le dijo a unas monjitas de clausura que si propagaban chismes eran monjas «terroristas».[7]

---

7 Francisco, *Homilía en la oración de la Hora media con religiosas de vida contemplativa*, Lima, 21 de enero de 2018.

Es que la palabra, por su dinamismo propio, tiende a «actuarse». Por eso es importante razonar cuán contradictorio es «discutir encarnizadamente». Encarnizarse en el diálogo es un contrasentido. La esencia del diálogo no son las palabras que se dicen o los discursos que se hacen sino el consentimiento mutuo de los interlocutores acerca de una realidad que necesita explicitación. Cuando uno formula un juicio, lo propone al asentimiento del otro para que este lo complemente con su punto de vista. Si se escamotea que el asentimiento es lo esencial y se quiere imponer lo propio o se desprecia lo que dice el otro, no hay diálogo. El ensañamiento no es fruto del instinto, es fruto de una lógica, la del «padre de la mentira» (Jn 8, 44) y se lo combate con otra lógica, la de la verdad, tal como Jesús la testimonia en el Evangelio y el Espíritu Santo la discierne en cada situación. La lógica de la Encarnación es opuesta a la lógica del encarnizamiento.

Los remedios contra el ensañamiento en «Las cartas de la tribulación»

En *Las cartas de la tribulación*, tal como mencionamos al comienzo, Bergoglio encuentra algunos remedios para resistir este mal espíritu de ensañamiento sin ser contagiados. En ellas se nos da «la doctrina sobre la tribulación… [*Las cartas*] constituyen un tratado acerca de la tribulación y el modo de sobrellevarla».[8]

Celebrando las Vísperas en la iglesia del Gesù, el 27 de septiembre de 2014, Francisco había dicho: «Leyendo las

8   CT, p. 20.

cartas del padre Ricci, me ha impresionado mucho un aspecto: su capacidad de no caer en la trampa de estas tentaciones y proponer a los jesuitas, en tiempo de tribulación, una visión de las cosas que los arraigaba aún más en la espiritualidad de la Compañía».[9]

Para contextualizar este escrito debemos decir que la doctrina sobre el modo de soportar y resistir en la tribulación que Bergoglio expone en su breve prólogo a *Las cartas* se complementa, formando una trilogía, con otros dos escritos: uno anterior, «La acusación de sí mismo»,[10] publicado por primera vez en 1984; y otro, escrito en los primeros meses después de su traslado a la Residencia de Córdoba, titulado «Silencio y palabra».[11]

Lo primero que hay que decir es que *Las cartas* no son una elaboración abstracta de criterios espirituales, sino la fuente y el fruto de una actitud que llevó a una entera institución —la Compañía de Jesús— a aceptar la propia supresión (que causó la muerte de muchos jesuitas) en obediencia a la Iglesia, sin devolver mal por mal a nadie.

Esta actitud paradigmática de una «persecución mayor» proporciona un marco espiritual para enfrentar cualquier otra. Sigue el espíritu de la Carta de Pedro de *no maravillarse* del incendio que se desata (cfr. 1 Pe 4, 12) cuando hay una persecución. La actitud es la de la Carta a los Hebreos,

---

9   Francisco, *Celebración de las vísperas y Te Deum*, en la iglesia del Gesù, 27 de septiembre de 2014.

10   J.M. Bergoglio, *Reflexiones espirituales sobre la vida apostólica*, Buenos Aires, Diego de Torres, 1988, pp. 120-121. El texto «La acusación de sí mismo», que se incluye allí, ya había sido publicado en el *Boletín de espiritualidad de la Provincia argentina de la Compañía de Jesús*, n. 87, 1984.

11   Íd., «Ensañamiento», en *Reflexiones en esperanza*, Buenos Aires, USAL, 1992. De ahora en adelante citaremos como SyP.

que nos recuerda que no hemos «llegado a derramar sangre en nuestra lucha contra el pecado» (Hb 12, 4).

En la actitud de *paternidad espiritual* de aquellos Padres generales de la Compañía de Jesús, Bergoglio ve el remedio más eficaz contra el riesgo de caer en el victimismo de exagerar las persecuciones. La paternidad que pone la fuerza en cuidar el trigo y no arranca prematuramente la cizaña, es remedio que «rescata al cuerpo del desamparo y del desarraigo espiritual».[12] No lo hace, sin embargo, como quien protege a otro de los golpes exteriores, sino como un padre que ayuda a sus hijos a «tomar una actitud de discernimiento»[13] que les permita defenderse por sí mismos.

El efecto más devastador del «espíritu de ensañamiento» que se encarniza con la carne del más débil se produce en el pueblo fiel de Dios: recae sobre los más simples y pequeños, quienes, al ver esta ferocidad que se desata contra los hijos más débiles, y a menudo contra los mejores, experimentan la orfandad, el desamparo y el sentimiento de desarraigo. De ahí que la actitud paternal consista en cuidar que no se escandalicen los pequeños. Esta fue la principal preocupación del Señor cuando le llegó la hora de su Pasión: rezar al Padre y cuidar que no se escandalizaran los suyos.

Humillarse para resistir al mal

Los remedios contra el espíritu de ensañamiento no procuran «vencer el mal con el mal»; esto equivaldría a con-

12 CT, p. 23.
13 Ibíd.

tagiarse de su dinámica. Apuntan, en cambio, a fortalecer nuestra capacidad de «resistir el mal» hallando modos de soportar la tribulación sin flaquear. Esta resistencia al mal es totalmente contraria a ese otro tipo de resistencia —la resistencia al Espíritu— que el demonio practica y provoca instigando al ensañamiento. Veamos las características de la resistencia al mal.

En algunos casos, la resistencia a la persecución consistirá en «huir a Egipto», como hizo san José para salvar al Niño y a su Madre: «Siempre hemos de tener a mano un "Egipto" —aun en nuestro corazón— para humillarnos y autodesterrarnos ante la desmesura de un suspicaz»[14] que nos persigue. La primera resistencia, por tanto, consiste en retirarse, en no reaccionar atacando o siguiendo el instinto de hacer una oposición directa. El recurso a este lugar del corazón en el que uno siempre puede exiliarse cuando lo persigue algún Herodes es fuente de la paz que el Señor le dio a Bergoglio cuando este comprendió que iba a ser elegido Papa. Ha sido el pontífice mismo el que ha contado esto más de una vez, pidiendo oraciones para que esta paz nunca le sea quitada.[15]

Pero en otros casos, la resistencia consistirá en enfrentar abiertamente al mal espíritu, dando testimonio público de la verdad con mansedumbre y firmeza. En este punto, Bergoglio-Francisco muestra una gracia especial, que es —dicho simplemente— la de «hacer saltar al mal espíritu», que

14 SyP 152. Esa desmesura o desenfreno *(Ausschweifen)* Guardini la pone como característica de un tipo de personas que es licenciosa, violenta y corrupta por el poder y la inseguridad interior» (Cfr. R. Guardini, *Der Herr*, Wurzburgo, Werkbund, 1964, p. 22).

15 Cfr. A. Spadaro, «Intervista a papa Francesco», en *La Civiltà Cattolica*, 2013, III, p. 450.

así se revela.[16] Cuando la tentación se basa en una verdad o media verdad es muy difícil poder aportar más luz y aclarar las cosas intelectualmente. «¿Cómo ayudar en tales circunstancias?», se preguntaba Bergoglio en «Silencio y palabra». Hay que hacer que *se manifieste el mal espíritu* y la única manera es «dar lugar a Dios», ya que Jesús es el único que puede hacer que se descubra el demonio: «Solo hay un modo para "hacer lugar" a Dios, y este modo nos lo enseñó Él mismo: el anonadamiento, la *kenosis* (Fil 2, 5-11). Callar, orar, humillarse».[17]

«Más que a la "luz" —afirma Bergoglio— hay que jugar al "tiempo". Me explico: la luz del demonio es fuerte, pero dura poco (como un *flash* de máquina fotográfica); en cambio, la luz de Dios es mansa (y) humilde —no se impone sino que se ofrece—, pero dura mucho. Hay que saber esperar, orando y pidiendo la intervención del Espíritu Santo, hasta que pase el tiempo de esa luz fuerte».[18]

Dimensión política de la lucha contra el espíritu de ensañamiento

Es importante caer en la cuenta de lo que está en juego en este humillarse para «hacer lugar» a Jesús. No estamos ante una actitud meramente «religiosa», puntual y subjetiva. En la actitud dialogal de «apostar al tiempo» y «hacerse débil»,

---

16 Cfr. el editorial «Cinco años del papa Francisco. El camino del pontificado se hace al andar», en *La Civiltà Cattolica Iberoamericana* II, 2018, n. 16, pp. 7-14.

17 SyP 164.

18 Ibíd., 163.

aceptando las humillaciones concretas de no poder explicar todo de una vez, se abre «otra dimensión».[19]

En el modo de dialogar que resiste al «ensañamiento primordial —que es rebelión contra Dios—» se abre una dimensión política de la guerra, de «la guerra de Dios». Bergoglio se sirve del testimonio de un religioso para describir esta dimensión: «Una vez, un religioso, refiriéndose a una situación concreta bien difícil, dijo: "Entendí que esta era una guerra entre Dios y el Diablo. Y si nosotros queremos tomar lanzas vamos a destruirnos"».[20]

La conciencia de esta «dimensión política» de la lucha contra el espíritu de ensañamiento remite a la lucidez con la que Francisco encara todos los conflictos, tanto los internos de la Iglesia como los externos. Saber que se trata de la guerra de Dios es lo que lo blinda en la paz, lo fortalece en la paciencia y lo lleva a «salir» y tirar hacia delante.

«*La mansedumbre nos mostrará aún más débiles*»

Austen Ivereigh escribió: «La Cruz obligará finalmente al diablo a revelarse, porque el diablo confunde amabilidad con debilidad».[21] «En momentos de oscuridad y mucha tribulación —escribe Bergoglio— cuando las "galletas" y los "nudos" no pueden desenredarse ni las cosas aclararse, entonces hay que callar; la mansedumbre del silencio nos mostrará aún más débiles, y entonces será el mismo demonio quien, envalentonado, se muestre a la luz, quien muestre sus

---

19 Ibíd., 168-169.
20 Ibíd., 168.
21 A. Ivereigh, *Tempo di misericordia*, Milán, Mondadori, 2014, p. 242.

reales intenciones, ya no disfrazado de ángel de luz, sino desembozadamente».[22]

Este «mostrarse aún más débiles» es el comportamiento que vence las insidias del espíritu maligno. Y es el mejor modo de combatir los chismes de pasillo, los tonos escandalosos, los ataques que hoy se difunden fácilmente en las redes sociales, incluso en sitios que se definen como «católicos». En estos casos es necesario resistir en silencio. Son interesantes al respecto las reflexiones de Máximo el Confesor, que el entonces P. Bergoglio citaba en «Silencio y Palabra». En ellas se afirma que cuando Cristo —atravesando la pasión— se va debilitando —se muestra cada vez más débil hasta la muerte en la cruz, mientras los discípulos huyen y la gente lo deja solo—, el demonio parece cobrar aliento y se siente descaradamente fuerte y vencedor. Pero al final es la carne de Cristo en su debilidad el señuelo que el demonio, ensañándose, devora. Y así se traga el anzuelo con el veneno que lo neutraliza.[23]

Los que acusan a Francisco de «confuso» cuando no actúa guerreramente «defendiendo» a los justos y «condenando» a los pecadores, «imponiendo» las normas, precisando con infalibilidad papal los «hasta aquí se puede, hasta aquí no se puede», como quien extiende un alambre de púas, no se dan cuenta de que, en realidad, al que el Papa confunde es al mal espíritu que los mueve.

En un mundo en el que políticos y religiosos discuten y se insultan con *tweets*, Francisco, con su modo de resistir el ensañamiento en el diálogo, resiste «manteniendo posicio-

---

22 SyP 167.
23 Cfr. Francisco, Exhortación ap. *Gaudete et exsultate*, 115, y SyP 167.

nes» (Ef 6,13); pero con «la misma actitud de Jesús»[24] abre en torno a sí un espacio político distinto, el del reino de Dios, en el que el Señor es el que libra la guerra y ninguno de nosotros es el protagonista.

Esta «resistencia pasiva al mal» —la misma que Bergoglio siempre ha subrayado como la gracia que tienen los pueblos, en torno a la cual construyen paciente y sabiamente su cultura—[25] enmienda, entre otras cosas, tres actitudes que son propias de una «política del ensañamiento», sobre las cuales se funda toda política partidista. Bergoglio describe estas actitudes tal como se presentan en la Pasión del Señor. La primera es la actitud de aquellos que «se ensañan con aquel que ven débil».[26] Los poderosos no se atrevían a ir contra Jesús cuando el pueblo lo seguía, pero toman coraje cuando, traicionado por uno de los suyos, lo ven debilitado. La segunda actitud «es la raíz de todo ensañamiento: la necesidad de descargarse de las propias culpas y limitaciones [...] repitiendo el mecanismo del chivo emisario». La tercera actitud es la de aquellos que, como Pilatos, frente al ensañamiento se lavan las manos, «dejan hacer».[27]

La acusación de sí mismo

Contra esto, «mostrarse débil» a imitación de Jesús consiste en una actitud muy precisa. Bergoglio dice que «Jesús lo

---

24 SyP 167.
25 Cfr. D. Fares, «"Yo soy una misión". Hacia el sínodo de los jóvenes», en en *La Civiltà Cattolica Iberoamericana* II, 2018, n. 15, pp. 7-20.
26 SyP 165.
27 Ibíd., 166.

obliga (al demonio) a "mostrarse", lo "deja venir"».[28] Esto que el Señor logra con su inocencia y su entrega incondicional en manos del Padre para salvarnos a todos, perdonando incluso a sus enemigos, es inimitable. Pero hay un modo —posible para nosotros, pecadores— de volver así de inocente nuestra debilidad: consiste en «la acusación de sí mismo», actitud diametralmente opuesta al ensañamiento con los demás.

Acusarse a uno mismo, no en general, sino en algo concreto, es «mostrarse realmente débiles» para, así, poder ser «defendidos por el Paráclito», como uno que le cuenta todo a su buen abogado para que lo pueda defender de manera eficaz ante sus acusadores. Esto es lo que ya había desarrollado Bergoglio comentando a Doroteo de Gaza en su tratado «Sobre la acusación de sí mismo».[29] Allí, Doroteo de Gaza hace alusión a lo bueno que es formar el corazón mediante este ejercicio de «acusarse a sí mismo», porque se trata de una «actitud interior, en sí pequeña, pero que tiene su repercusión a nivel de un cuerpo institucional».[30]

«No es raro encontrar —en las comunidades, ya sea locales o provinciales— banderías que pugnan por imponer la hegemonía de su pensamiento y de su simpatía. Esto suele suceder cuando la caritativa apertura al prójimo es suplida por las ideas de cada uno. Ya no se defiende el *todo* de la familia, sino la *parte* que me toca. Ya no se adhiere uno a la *unidad* [...] sino al *conflicto* [...]. Quien se acusa a sí mismo deja lugar a la misericordia de Dios».[31]

28   Ibíd. 167.
29   Cfr. J.M. Bergoglio, *Reflexiones espirituales, op. cit.*, pp. 119-142. Allí se encuentra una traducción y comentario suyos de la «Instrucción 7» de las *Enseñanzas espirituales* de Doroteo de Gaza.
30   Ibíd, p. 119.
31   Ibid., pp. 119 y 126.

En el prólogo a *Las cartas,* Bergoglio hace ver que dar testimonio de la verdad es algo muy distinto a un mero «decir la verdad». En la tribulación que llevó a la supresión de la Compañía: «En concreto, no era de Dios defender la verdad a costa de la caridad, ni la caridad a costa de la verdad, ni el equilibrio a costa de ambas. Para evitar convertirse en un veraz destructor o en un caritativo mentiroso o en un perplejo paralizado, (se) debía discernir».[32]

Contra el «ensañamiento» —y de modo especial cuando se manifiesta de forma «educada», usando verdades—, es necesario estar atentos, porque «no siempre el demonio tienta con una mentira; bien puede existir una verdad, pero "vivida con mal espíritu", como dice el beato Pedro Fabro (después proclamado santo)».[33] Bergoglio hace notar que una verdad ideológica «debe ser juzgada siempre, no por su contenido, sino por el "espíritu" (la voluntad) que la sustenta, que no es precisamente el Espíritu de la verdad».[34]

Como remedio, como antídoto más seguro contra el ensañamiento, Bergoglio subraya «el recurso a los pecados propios de los jesuitas» que hacen los padres Generales, «los cuales (pecados) —en un enfoque meramente discursivo y no de discernimiento— parecería que nada tenían que ver con la situación externa de confusión provocada por las persecuciones. Lo que sucede no es casual: subyace aquí una dialéctica propia de la situacionalidad del discernimiento: buscar —dentro de sí mismo— un estado parecido al de

32   CT, p. 23.

33   Cfr. P. Fabro, *Memorial*, n. 51; cfr. notas 84 y 375 de la edición castellana, San Miguel, Diego de Torres, 1983.

34   J.M. Bergoglio, «La acusación de sí mismo», en *Reflexiones espirituales, op. cit.*, pp. 120-121.

fuera. En este caso, un verse perseguido podría engendrar el mal espíritu de "sentirse víctima", objeto de injusticia, etc. Fuera, por la persecución, hay confusión... Al considerar los pecados propios, el jesuita pide —para sí— "vergüenza y confusión de mí mismo".[35] No es la misma cosa, pero se parecen; y —de esta manera— se está en mejor disposición de hacer el discernimiento».[36]

Bergoglio remarca cómo los padres Generales «centran su reflexión en la confusión» que la ideología subyacente a la persecución produce «en el corazón» (de los jesuitas, en aquel caso). «La confusión anida en el corazón: es el vaivén de los diversos espíritus».[37] Y agrega: «Las ideas se discuten, la situación se discierne». La situación es de confusión y la causa de la confusión radica en el «dinamismo» del ensañamiento, en el ir y venir de los pensamientos que surgen al verse atacado con una ferocidad obstinada, persistente, propia de quien tiene «dura cerviz».[38]

La resistencia al Espíritu Santo —a su gracia y al esplendor de su verdad— es ese impulso propiamente demoníaco que, para no verse a sí misma, se desata en furia encarnizada contra la carne del otro. Contra este dinamismo acusatorio que no tiene piedad, la actitud interior es —paradójicamente— la acusación de sí mismo, sincera y simple, sin maquillaje y sin el ensañamiento de la culpa, la acusación de sí mismo frente a la misericordia de Dios y de la comunidad.

35 Cfr. *Ejercicios Espirituales*, 48.
36 CT, p. 24.
37 CT, p. 23.
38 «Duros de cerviz [...], ustedes siempre resisten al Espíritu Santo» (Hch 7,51) es la acusación que hace Esteban a los que, acto seguido, se lanzarán encarnizadamente contra él.

Diego Fares S.I.

Una nueva «Carta de la tribulación»

Un ejemplo concreto de esta actitud lo dio recientemente Francisco escribiendo una especie de nueva «Carta de la tribulación». Es la carta que el Papa envió el 8 de abril pasado a los obispos de Chile después de haber leído el informe de monseñor Scicluna, que escuchó «desde el corazón y con humildad» los testimonios de las víctimas de abuso por parte del clero de ese país. El espíritu de la carta del Papa a sus «hermanos en el episcopado» es el de un padre que habla a sus hijos que también son padres. Este es el «sentido profundo» de la carta, el mismo espíritu que Bergoglio percibía que había inspirado las cartas de los superiores Generales de la Compañía.

El espíritu de paternidad se opone al espíritu de ensañamiento. En el centro de este camino paterno están las víctimas y el País mismo, Chile, que sangra por los pecados de la Iglesia. El instrumento propio de un padre espiritual es el discernimiento. El Papa —escribe a los obispos— quiere «solicitar humildemente su colaboración y asistencia en el discernimiento» de las medidas concretas que deberán ser tomadas «a corto, medio y largo plazo».

Francisco invita a la comunidad eclesial a «ponerse en estado de oración» «con el objetivo de reparar en lo posible el escándalo y restablecer la justicia». Los males de los que habla el Papa «nos arrugan el alma y nos arrojan al mundo flojos, asustados y abroquelados en nuestros cómodos "palacios de invierno"». Son males que provocan «desesperación y desarraigo»[39] en el Pueblo de Dios. Por lo tanto,

---

39   CT, p. 23..

para reparar y sanar las heridas primero debemos aceptar ser perdonados y confortados por el Señor.

La actitud radical a asumir ante una desolación tan profunda es —como decíamos— la acusación y la humillación de sí mismo, y Francisco la adopta el primero, no descargando culpas en ningún chivo expiatorio, como muchos intentaron hacer, sino asumiéndolas sobre sí. Les escribe: «En lo que me toca, reconozco y así quiero que lo transmitan fielmente, que he incurrido en graves equivocaciones de valoración y percepción de la situación, especialmente por falta de información veraz y equilibrada. Desde ya pido perdón a todos aquellos a los que ofendí y espero poder hacerlo personalmente, en las próximas semanas, en las reuniones que tendré con representantes de las personas entrevistadas».[40]

Son actitudes como estas las que permiten sanar las heridas que el mal y el pecado han causado a la sociedad, reforzando así nuestra pertenencia a Cristo y al cuerpo de la Iglesia.[41]

<hr />

40 Francisco, *Carta a los obispos de Chile*, 8 de abril de 2018. Cfr. *infra*, pp. 123-128.

41 CT, pp. 19-24.

Segunda parte

LAS TRIBULACIONES DE HOY

FRANCISCO

«La herida abierta, dolorosa y compleja de la pedofilia»

Cuatro cartas a la Iglesia de Chile

GUÍA DE LECTURA DE LAS
«CARTAS A LA IGLESIA DE CHILE»

Diego Fares S.I.

Una herida abierta, dolorosa y compleja, que desde hace mucho tiempo no deja de sangrar: así se podría definir el escándalo de los abusos que golpea a la sociedad y a la Iglesia de Chile. Intentaremos dar cuenta del proceso que ha iniciado Francisco para sanar esta llaga. Como se trata de un proceso en curso, presentaremos una cronología de los hechos principales y de los pasos dados. Haremos luego una reflexión acerca de los criterios de discernimiento que utiliza el Papa para iluminar esta realidad en la cual «todos estamos implicados», como dijo a los obispos de la nación.

Un hecho significativo, que condensó muchos otros y fue, de alguna manera, el detonador del proceso de los últimos meses, tuvo lugar el 18 de enero de 2018, cuando una periodista interpeló al papa Francisco sobre el caso del obispo Barros. Él le contestó: «El día que tenga una prueba voy a hablar».[1]

---

1 Francisco, *Conferencia de prensa en el vuelo de regreso del viaje a Chile y Perú*, 21 de enero de 2018.

Tres días después, en el viaje de regreso de Perú a Roma, la habitual conferencia de prensa durante el vuelo tuvo un carácter singular. El testimonio de varios periodistas que participaron de ese momento concuerda en el hecho de que el Papa se expuso a cualquier pregunta que le quisieran hacer. En este clima, pidió perdón dos veces por la palabra «prueba» que había utilizado: «Sobre esto debo pedir perdón, porque la palabra "prueba" ha herido, ha herido a muchos abusados».[2] Varios detalles de las cosas que el Papa explicó prolijamente dejaban entrever que desde hacía tiempo venía recorriendo un camino con las víctimas y con los acusados.[3]

En este paso, que suscitó muchas interpretaciones y conmovió por el modo en que el Pontífice pidió perdón en primera persona, rescatamos una actitud que el padre Bergoglio había caracterizado como «una dialéctica propia de la situacionalidad del discernimiento: buscar —dentro de sí— un estado parecido al de fuera [...] y —de esta manera— se está en mejor disposición de hacer el discernimiento».[4] El clima del «afuera» mediático era de acusaciones cruzadas de todo tipo y calibre. El Papa se acusó a sí mismo y pidió perdón de algo concreto en lo que había ofendido, y haberse acusado le permitió, como veremos, discernir con más claridad los pasos a seguir.

Después de un mes de oración y consultas, el 19 de febrero envió a Mons. Charles Scicluna a Chile con la misión

2   Ibíd.

3   Un dato fue que, prácticamente todas las semanas, el Papa recibe a víctimas de abuso y las escucha. Otro, que el obispo Barros había presentado dos veces su renuncia y él se la había rechazado diciendo que renunciar por presiones ajenas era admitir culpabilidad previa y que, «en cualquier caso, si hay culpables, se indaga».

4   J.M. Bergoglio, «La doctrina de la tribulación». Cfr. *supra*, pp. 17-24.

de escuchar desde el corazón y con humildad a las víctimas y hacer un informe de la situación que le brindara un diagnóstico lo más independiente posible y ofreciera una mirada limpia. Como le dijo luego al Pueblo de Dios en su carta, «la visita de Mons. Scicluna y Mons. Bertomeu nace al constatar que existían situaciones que no sabíamos ver y escuchar».[5]

Después de la lectura del informe, que le fue entregado el 20 de marzo, el Papa dio tres pasos. El primero fue encontrarse «personalmente con algunas víctimas de abuso sexual, de poder y de conciencia, para escucharlos, y pedirles perdón por nuestros pecados y omisiones».[6] De estos encuentros rescatamos tanto las declaraciones de las víctimas acerca de lo que significó para ellas el trato del Papa y, para el Santo Padre, cuánto le alegró y esperanzó que ellos reconocieran a tantas personas que los ayudaron: los «santos de la puerta de al lado» como le gusta llamarlos al Santo Padre.[7]

El siguiente paso lo dio el 8 de abril, y fue para convocar a los obispos chilenos a reunirse con él en Roma.[8] Los obispos estaban reunidos en la 115ª asamblea plenaria y el Papa les escribió «para solicitar humildemente vuestra colaboración y asistencia en el discernimiento de las medidas que a corto, medio y largo plazo deberán ser adoptadas para restablecer la comunión eclesial en Chile, con el objetivo de reparar en lo posible el escándalo y restablecer la justicia».[9]

5 Francisco, *Carta al Pueblo de Dios que peregrina en Chile*, 31 de mayo de 2018, n. 3. Cfr. *infra*. pp. 147-158.
6 Ibíd.
7 Ibíd., n. 6.
8 Francisco, *Carta a los obispos de Chile*, 8 de abril de 2018. Cfr. *infra*, pp. 123-128.
9 Ibíd. Mons. Bertomeu, que acompañó en su misión a Mons. Scicluna, destacó la importancia que tenía no solo para la Iglesia de Chile, sino para la Igle-

El encuentro tuvo lugar entre el 15 y el 17 de mayo. A las 16 hs del 15 de mayo el Santo Padre se reunió con los 34 obispos que vinieron de Chile en la *auletta* del Aula Pablo VI y, después de tener una meditación, entregó a cada uno de los obispos la carta[10] de diez carillas con los puntos tratados y los invitó a dedicar exclusivamente un tiempo a la oración hasta la siguiente reunión, que tuvo lugar el miércoles 16 de mayo por la tarde.

El jueves 17 de mayo tuvieron otros dos encuentros, donde el Papa escuchó a los obispos, que se explayaron cada uno según lo que había rezado. Ese mismo día el Santo Padre les agradeció con una breve carta[11] el encuentro realizado.

El 18 de mayo, en un gesto de disponibilidad para con el Santo Padre, todos los obispos pusieron a su disposición sus cargos.[12] El 31 de mayo, el Papa envió una carta a todo el Pueblo de Dios que peregrina en Chile.[13] El 11 de junio el Santo Padre aceptó, ahora sí, la renuncia del obispo de Osorno, Juan Barros, y de otros dos obispos,[14] y el 12 de junio envió a monseñor Scicluna en una nueva misión de 8 días a Chile, con el fin de evidenciar la cercanía del pontífice

---

sia universal esta convocatoria excepcional del Papa a todo un episcopado (cfr. «Bertomeu sobre encuentro del Papa con obispos: "Estamos haciendo historia"», (http://www.soychile.cl/Santiago/Internacional/2018/05/17/533919/Bertomeu-sobre-encuentro-del-Papa-con-obispos-Estamos-haciendo-historia.aspx).

10   Francisco, *Carta a los obispos de Chile*, 15 de mayo de 2018. Cfr. *infra*, pp. 129-144.

11   Íd., *Carta a los obispos de Chile*, 17 de mayo de 2018. Cfr. infra, pp. 145-146.

12   Texto de la declaración de los obispos chilenos después de su encuentro con el Papa. Accesible en: https://es.zenit.org/articles/ultima-hora-todos-los-obispos-de-chile-renuncian/.

13   Francisco, *Carta al Pueblo de Dios que peregrina en Chile*.

14   El obispo de Puerto Montt, Cristián Caro, y el obispo de Valparaíso, Gonzalo Duarte.

con Osorno y de prestar asesoría técnica y jurídica concreta para las curias diocesanas de Chile.

En la misa realizada en Osorno el domingo 17 de junio, Mons. Scicluna, de rodillas y acompañado por el nuevo administrador apostólico, Jorge Concha, expresó: «El papa Francisco me ha encargado pedir perdón a cada uno de los fieles de la diócesis de Osorno y a todos los habitantes de este territorio por haberles herido y ofendido profundamente».[15]

En el transcurso de este proceso, que seguirá adelante en el corto, medio y largo plazo, salió a la luz la exhortación apostólica *Gaudete et exsultate*, firmada el 19 de marzo, fiesta de san José y presentada oficialmente el 9 de abril.

Si bien no es pertinente sacar conclusiones de un proceso que está en marcha y en el que el Papa sorprende cada día con sus iniciativas, sí puede ser de ayuda una reflexión para sacar provecho acerca de este nuevo modo de caminar juntos y de interpretar la realidad que el Papa promueve en medio de todo el pueblo fiel de Dios.

Carta de convocatoria: una convicción, una lucidez y un deseo

La primera carta[16] es una llamada a la conversión. El Papa comparte con sus hermanos obispos *una convicción, una lucidez y un deseo*: «la *convicción* de que las dificultades pre-

---

15   C. Mardones, «Charles Scicluna pide perdón de rodillas en nombre del Papa», en *La Tercera*, 17 de junio de 2018. Accesible en http://www.latercera.com/nacional/noticia/charles-scicluna-pide-perdon-rodillas-nombre-del-papa/210120/.

16   Cfr. Francisco, *Carta a los obispos de Chile*, 8 de abril de 2018.

sentes son también ocasión para restablecer la confianza en la Iglesia, confianza rota por nuestros errores y pecados»; la *lucidez* de que, «sin la fe y sin la oración, la fraternidad es imposible»; el *deseo* de «que cada uno de ustedes me acompañe en el itinerario interior que estoy recorriendo en las últimas semanas»,[17] pidiendo al Espíritu que sea Él quien conduzca el proceso.

Si prestamos atención, vemos que Francisco pone en primer lugar la tarea de restablecer la confianza en la Iglesia y luego plantea la necesidad de convertir los pecados y sanar las heridas. En esto se ve su discernimiento acerca de la gravedad de este tipo de pecado. Es un pecado que convierte en abusador al que tiene que proteger —el consagrado— y en ámbito corrupto al ámbito sanador —la Iglesia jerárquica—. Por eso es tan delicada la tarea, pues se trata de sanar la Iglesia y a sus pastores al mismo tiempo que a las víctimas.

Y por eso son tan radicales los medios que usa el Papa. Destacamos tres: la acusación de sí mismo,[18] la actitud paternal para con sus hermanos que también son padres, y situarse en el seno del pueblo fiel de Dios como lugar teológico sano desde el cual comenzar a sanar todo lo demás. En este punto, Francisco no solo pide a los obispos que convoquen a la oración al Pueblo de Dios en general, sino que promue-

---

17 Cfr. J.M. Bergoglio, «Una institución que vive su carisma. Apertura de la Congregación Provincial XIV (18/2/1974)», en *Meditaciones para religiosos*, Basauri, Mensajero, 2014, pp. 43-49.

18 El Papa abre el camino con la acusación inapelable de sí mismo: «En lo que me toca, reconozco y así quiero que lo transmitan fielmente, que he incurrido en graves equivocaciones de valoración y percepción de la situación, especialmente por falta de información veraz y equilibrada. Ya desde ahora pido perdón a todos aquellos a los que ofendí y espero poder hacerlo personalmente, en las próximas semanas, en las reuniones que tendré con representantes de las personas entrevistadas». *Carta a los obispos de Chile,* 8 de abril de 2018..

ve la escucha «de corazón y con humildad» de las víctimas y de los que las ayudaron, en cuanto porción predilecta del Pueblo de Dios. Mons. Scicluna recogió 64 testimonios de víctimas de graves abusos de conciencia, de poder y sexuales por diversos consagrados.[19]

Carta para el discernimiento en un trasfondo de profecía y sinodalidad

La segunda carta —la más significativa en cuanto expresión de ese «itinerario interior» que el Papa recorrió— es la meditación que propuso a los obispos chilenos y les dio para que rezaran durante todo un día.[20]

Es significativo el hecho de que el Papa señale los pecados concretos de modo claro y sin eufemismos y lo haga en notas al pie.[21] Todo esto, dice Francisco refiriéndose a los pecados y delitos, se debe condenar y castigar en personas concretas, pero no alcanza. Hace falta un «trasfondo de profecía» y un

---

19   Se pueden ver así en acción los criterios de discernimiento acerca de los cuales Bergoglio reflexionaba para sacar provecho de la lectura de las cartas que los padres generales jesuitas escribieron a los suyos en tiempos de tribulación. Cfr. D. Fares, «Contra el espíritu de "ensañamiento"», Cfr *supra*, pp. 83-102.

20   Francisco, *Carta los obispos de Chile*, 15 de mayo de 2018.

21   En las notas 22, 23, 24 y 25, el Papa nombra crudamente cada pecado: los abusos, no solo sexuales sino de autoridad y poder, las divisiones y fracturas cultivadas desde el seminario mismo, participadas además a los fieles, confiar cargos diocesanos o parroquiales que implican trato cotidiano con menores a religiosos expulsados de su orden a causa de inmoralidad en su conducta, el modo de recibir las denuncias, descalificándolas, las investigaciones a destiempo o no realizadas que eran de dominio público, con el consiguiente escándalo, las presiones sobre los encargados de llevar los procesos, la destrucción de documentos por parte de encargados de archivos eclesiásticos y haber confiado instituciones educativas de seminaristas a sacerdotes sospechosos de homosexualidad activa.

«clima de colegialidad» para poder hacer el discernimiento acerca de la raíz de estos pecados. El marco profético de la meditación —clave para lograr un enfoque adecuado del problema—[22] es el pasaje de Juan el Bautista que dice: «Es necesario que Él crezca y que yo disminuya» (Jn 3,30).

El discernimiento de fondo que hace el Papa es que no se debe hacer el juego a la tentación de reaccionar «desplazando el problema sobre las espaldas de los otros» (citará el episodio de Jonás tirado por la borda del barco para apaciguar la tormenta —Jon 1,4-16—). Tampoco se debe ceder a las tentaciones de no ahondar en sus raíces o de quedar metidos dentro del problema.

Bajo el título «Es necesario que él crezca», el Papa recuerda a los pastores en qué alto grado ha recibido la Iglesia chilena, a lo largo de su historia, la gracia de ser Iglesia profética, y de lo que ha sido capaz cuando ha puesto a Jesús en el centro. Ha sido capaz de promover el evangelio, de hacer fiesta, de engendrar santos, de generar espacios de vida para los pueblos más humildes, de denunciar las violaciones a los derechos humanos, durante la dictadura de Pinochet... Y toda esta fecundidad con la ternura de una santa Teresa de los Andes, con la alegría del pueblo fiel en sus expresiones de religiosidad popular, con la mirada profética de san Alberto Hurtado, con el acompañamiento de los obispos del sur de Chile a los mapuches, con la valentía de un monse-

---

22 El Papa constata que la medicina usada para tratar la herida de los abusos «lejos de curar, parece haberla ahondado más en su espesura y dolor». En el prólogo a las *Cartas de la tribulación*, Bergoglio hacía notar cómo la preocupación central de los Padres Generales, ante la tribulación que vivían los jesuitas y los que participaban de sus trabajos apostólicos, era enfocar bien el problema: «Parecería como si temieran que el problema estuviera mal enfocado» (Cfr. J.M. Bergoglio, «La doctrina de la tribulación»).

ñor Silva Henríquez... Concluye Francisco que «El santo y paciente pueblo fiel de Dios sostenido y vivificado por el Espíritu Santo es el mejor rostro de la Iglesia profética que sabe poner al centro a su Señor en la entrega cotidiana».[23]

Después de este ejercicio de memoria histórica y agradecida, bajo el título «Y que yo disminuya», el Papa trató el pecado de los abusos, pero —como notábamos más arriba— no como algo meramente puntual que se puede castigar como delito y/o perdonar en la confesión. El Papa hace un discernimiento sobre la raíz del pecado: «Sería irresponsable de nuestra parte *no ahondar* en buscar las raíces y las estructuras que permitieron que estos acontecimientos concretos se sucedieran y perpetuasen».

Y el discernimiento es que la Iglesia chilena perdió inspiración profética y se transformó en su centro mismo: en vez de mirar a Cristo como centro se ensimismó: «Dejó de mirar y señalar al Señor para mirarse y ocuparse de sí misma. Concentró en sí la atención y perdió la memoria de su origen y misión. Se ensimismó de tal forma que las consecuencias de todo este proceso tuvieron un precio muy elevado: *su pecado se volvió el centro de atención*».

En este punto, Francisco introduce el criterio de fondo para este discernimiento, que va contra la «psicología de élite» que ha prevalecido en una parte significativa del clero chileno: el criterio del todo y la parte y el lugar que ocupa la jerarquía en el conjunto del pueblo fiel de Dios. «Esta conciencia de límite y de la parcialidad que ocupamos dentro del Pueblo de Dios nos salva de la tentación y pretensión de

---

23   Aquí remite el Papa a su exhortación apostólica *Gaudete et exsultate*, nn. 6-9.

querer ocupar *todos* los espacios, y especialmente un lugar que no nos corresponde: el del Señor».

Es significativo también que la palabra «sinodalidad» surja al final de la carta, cuando concluye oponiendo al mecanismo del «chivo expiatorio» la corresponsabilidad de «confesar comunitariamente la debilidad» frente a un problema que solo podremos resolver «si lo asumimos colegialmente, en sinodalidad». Se trata de una sinodalidad que confiesa el pecado común, sinodalidad misericordiada y convertida en profética por vocación.[24] En este marco profético y sinodal, concluye el Papa: «estamos reunidos para discernir, no para discutir».

Carta de agradecimiento y envío. Declaración de los obispos

Junto con la declaración de los obispos chilenos, poniendo sus cargos a disposición del Santo Padre, se publicó la carta que el Papa envió a los obispos al final de los encuentros.[25] En ella, el Santo Padre *les agradece* que hayan acogido la invitación a hacer juntos «un discernimiento franco» para «colaborar» en las medidas que habrá que tomar, *puntualiza* nuevamente la gravedad de los hechos, *destaca* cómo los obispos «se han unido en una sola voluntad y con el firme propósito de reparar los daños causados», y *los envía* «a seguir construyendo una Iglesia profética, que sabe poner en el centro lo importante: el servicio a su Señor en el hambriento, en el preso, en el migrante, en el abusado».

24   Cfr. Francisco, *Encuentro con los sacerdotes, religiosos/as, consagrados/as y seminaristas*, Santiago de Chile, 16 de enero de 2018.
25   Francisco, *Carta a los obispos de Chile*, 17 de mayo de 2018.

Los obispos chilenos, al «poner sus cargos en las manos del Santo Padre para que libremente decida con respecto a cada uno de ellos»,[26] realizaron «un gesto colegial y solidario, para asumir —no sin dolor— los graves hechos ocurridos y para que el Santo Padre pudiera, libremente, disponer de todos nosotros».[27]

Carta de llamamiento al santo pueblo fiel de Dios

Al comienzo y al final de la carta, el Papa expresa que su apelación, o llamada, como dice en *Gaudete et exsultate*, al Pueblo de Dios no es un recurso funcional ni un simple gesto de buena voluntad: por el contrario, el Papa quiso «enmarcar las cosas en su preciso y precioso lugar y poner el tema donde tiene que estar». Ese lugar teológico preciso y precioso es «la dignidad y libertad de los hijos de Dios, en cuyos corazones habita el Espíritu Santo como en un templo (LG, 9)».[28]

Apelar a ustedes, les dice el Papa «es invocar la *unción* que como Pueblo de Dios poseen».[29] Les pide que no se dejen robar la unción y que no tengan miedo de ser protagonistas: «Con ustedes se podrán dar los pasos necesarios para una renovación y conversión eclesial que sea sana y a largo plazo».[30] Y los insta a ser creativos y a decir lo que sienten y piensan, poniendo siempre a Jesucristo en el centro.[31]

26 Cfr. *Declaración de los obispos de la Conferencia Episcopal de Chile*, Roma, 18 de mayo de 2018.
27 Ibíd.
28 Francisco, *Carta al Pueblo de Dios que peregrina en Chile*, p. 148.
29 Ibíd., p. 158.
30 Ibíd.
31 Cfr. ibíd., p. 149.

La unción del Espíritu que invoca el Papa imprime carácter al Pueblo de Dios: le da una identidad dinámica que lo vuelve inclusivo. Esta es la teología del Pueblo de Dios de *Lumen gentium,* que afirma que «el Pueblo de Dios tiene características que lo distinguen de todos los grupos religiosos, étnicos, políticos o culturales de la historia».[32] Al mismo tiempo, esta identidad hace que tienda «siempre y eficazmente a reunir a la humanidad entera con todos sus valores bajo Cristo como Cabeza, en la unidad del Espíritu (LG 13)».[33] Por tanto, cuando el Papa habla del Pueblo de Dios está hablando inclusivamente: pueblo de ovejas y pastores[34] y pueblo abierto a todos los pueblos.

Esta unción dinámica —con una «dinámica popular», como dice en *Gaudete et exsultate*—, en la que «Dios quiso entrar» —[35] debe encontrar «mediaciones concretas para manifestarse».[36] El Papa exhorta al Pueblo de Dios a tener el coraje de decir a sus pastores: «esto me gusta», «este camino me parece que es el que hay que hacer», «esto no va». Y a los pastores nos exhorta a aprender a escuchar. Porque las preguntas de nuestro pueblo, sus angustias, sus peleas, sus sueños, sus luchas, sus preocupaciones, tienen un valor hermenéutico.[37]

Cuando el Papa habla de la infalibilidad «in credendo» del pueblo fiel de Dios está pensando, más que en formu-

32 *Catecismo de la Iglesia Católica* [CEC], n. 782.
33 Ibíd., n. 831.
34 Cfr. Francisco, *Carta al Pueblo de Dios que peregrina en Chile*, p. 148.
35 GE 6. Es una «unción operante», es decir un «sello» que permanece para siempre como disposición positiva para la gracia, promesa y garantía de la protección divina y como vocación al culto divino y al servicio de la Iglesia (CEC 1121).
36 Francisco, *Carta al Pueblo de Dios que peregrina en Chile*, p. 149.
37 Cfr. GE 44.

laciones teóricas de la fe, en los gemidos del Espíritu en el interior de las víctimas que cargan con la cruz, de los más vulnerables del pueblo fiel de Dios. Es «la sed de Dios que solamente los pobres y sencillos pueden conocer»[38] lo que el Papa quiere destacar.

A partir del reconocimiento de las propias víctimas de la presencia buena de Dios mediante personas que las ayudaron «en secreto», se puede comenzar a sanar las heridas que otros causaron abusando en secreto. El criterio guía de esta «santidad» son las bienaventuranzas, comenzando por la de los que «saben llorar con los demás y buscan la justicia con hambre y sed y que miran y actúan con misericordia».[39] Esta es la perspectiva que estructura toda la Exhortación apostólica *Gaudete et exsultate* sobre la llamada universal a la santidad.

Una nueva práctica y una nueva hermenéutica

A partir del camino que están recorriendo el Papa y el pueblo fiel de Dios que peregrina en Chile con sus pastores podemos sacar algunas conclusiones acerca de la visión de Iglesia en la que estamos llamados a participar. Tomando las palabras del papa Francisco, estamos ante la invitación a involucrarnos, a caminar en la búsqueda y a construir entre todos una Iglesia profética: llagada, más sinodal, esperanzadora.[40]

38   Pablo VI, Exhortación ap. *Evangelii nuntiandi*, n. 48.
39   Cfr. Francisco, *Carta al Pueblo de Dios que peregrina en Chile*, p. 156. Cfr. *Gaudete et exsultatre*, 76. 79. 82.
40   Cfr. Francisco, *Carta a los obispos de Chile*, 8 de abril de 2018, introducción y conclusión; *Carta a los obispos de Chile*, 17 de mayo de 2018, final; *Carta al Pueblo de Dios que peregrina en Chile*, introducción y p. 158.

El carácter profético de esta Iglesia se gesta en primer lugar «en el silencio cotidiano» del pueblo fiel de Dios que «tiene la unción del Espíritu[41]» y es el que testimonia con «testaruda» esperanza que el Señor no nos abandona en el sufrimiento. «En ese pueblo fiel y silencioso —afirma el Papa— reside el sistema inmunitario de la Iglesia».[42]

Esta unción del Espíritu, «que sopla donde quiere»,[43] promueve una nueva práctica y una nueva hermenéutica de las cuales brota una nueva manera de reflexionar teológicamente, para sacar provecho, no para quedarse en «vacíos juegos de palabras y diagnósticos sofisticados»[44] que no miran de frente al dolor.

La nueva práctica es un «nuevo modo de caminar»,[45] impulsados por el Espíritu: sin ignorar el dolor, mirando y asumiendo el conflicto, escuchando —porque no escuchar impide hacer camino—, reconociendo los límites —si no, no se puede caminar—, hacia una cultura del cuidado y la protección junto con todos los actores que configuran la realidad social, reconociendo la fuerza actuante y operante del Espíritu en tantas vidas. Sin esta mirada —sostiene el Papa— quedaríamos a mitad de camino y entraríamos en una lógica perversa. Un caminar, por tanto, más sinodal, en el sentido profundo de la palabra.

La *nueva hermenéutica* toma en serio el principio de la encarnación y afirma que «la doctrina, o mejor, nuestra

---

41 Francisco, *Carta al Pueblo de Dios que peregrina en Chile*, p. 150.
42 Francisco, *Carta a los obispos de Chile*, 15 de mayo de 2018, p. 135.
43 Cfr. Francisco, *Carta al Pueblo de Dios que peregrina en Chile*, introducción y pp. 150 y 155.
44 Ibíd., p. 147.
45 Cfr. ibíd., p. 151.

comprensión y expresión de ella, "no es un sistema cerrado, privado de dinámicas capaces de generar interrogantes, dudas, cuestionamientos",[46] ya que las preguntas de nuestro pueblo, sus angustias, sus peleas, sus sueños, sus luchas, sus preocupaciones, poseen un *valor hermenéutico* que no podemos ignorar»,[47] si es que no queremos construir estructuras sin vida.[48]

«Ser "Iglesia en salida" —dice el Papa— es también dejarse ayudar e interpelar»[49] por el Espíritu que sopla donde quiere. Así, este nuevo modo de caminar da a luz una nueva mirada. «Nunca —dice Francisco— un individuo o un grupo ilustrado puede pretender ser la totalidad del Pueblo de Dios y menos aún creerse la voz auténtica de su interpretación. En este sentido, debemos prestar atención a lo que me permito llamar "psicología de élite" que puede trasladarse a nuestra manera de abordar las cuestiones».[50]

Lejos de esta psicología de élite, el Papa comparte lo que aprendió como pastor: «Aprendí a descubrir que la pastoral popular es uno de los pocos espacios donde el Pueblo de Dios es soberano de la influencia del clericalismo, que busca siempre controlar y frenar la unción de Dios sobre su pueblo». Y nos exhorta a aprender «a escuchar el corazón de nuestro pueblo y en el mismo acto el corazón de Dios».[51]

46 El Papa cita *Gaudete et exsultate* 44, *Evangelii gaudium* 40 y *Dei Verbum* 12, que hablan de que la tarea de los exégetas hace «madurar el juicio de la Iglesia», y da un paso más, diciendo que también el Pueblo de Dios contribuye a esta maduración.

47 Francisco, *Carta al Pueblo de Dios que peregrina en Chile*, p. 154. La cursiva es nuestra.

48 Cfr. ibíd., pp. 148 s.

49 Ibíd., p. 155.

50 Francisco, *Carta a los obispos de Chile*, 15 de mayo de 2018, p. 138.

51 Íd., *Carta al Pueblo de Dios que peregrina en Chile*, p. 155.

CARTA A LOS OBISPOS DE CHILE

8 de abril de 2018

Queridos hermanos en el episcopado:

La recepción durante la semana pasada de los últimos documentos que completan el informe que me entregaron mis dos enviados especiales a Chile el 20 de marzo de 2018, con un total de más de 2 300 folios, me mueve a escribirles esta carta. Les aseguro mi oración y quiero compartir con ustedes la convicción de que las dificultades presentes son también una ocasión para restablecer la confianza en la Iglesia, confianza rota por nuestros errores y pecados y para sanar unas heridas que no dejan de sangrar en el conjunto de la sociedad chilena.

Sin la fe y sin la oración, la fraternidad es imposible. Por ello, en este segundo domingo de Pascua, en el día de la misericordia, les ofrezco esta reflexión con el deseo de que cada uno de ustedes me acompañe en el itinerario interior que estoy recorriendo en las últimas semanas, a fin de que sea el Espíritu quien nos guíe con su don y no nuestros intereses o, peor aún, nuestro orgullo herido.

A veces cuando tales males nos arrugan el alma y nos arrojan al mundo flojos, asustados y abroquelados en nuestros cómodos «palacios de invierno», el amor de Dios sale a nuestro encuentro y purifica nuestras intenciones para amar como hombres libres, maduros y críticos. Cuando los medios de comunicación nos avergüenzan presentando una Iglesia casi siempre en novilunio, privada de la luz del Sol de justicia (S. Ambrosio, *Hexameron* IV, 8, 32) y tenemos la tentación de dudar de la victoria pascual del Resucitado, creo que como santo Tomás no debemos temer la duda (Jn 20,25), sino temer la pretensión de querer ver sin fiarnos del testimonio de aquellos que escucharon de los labios del Señor la promesa más hermosa (Mt 28,20).

Hoy les quiero hablar no de seguridades, sino de lo único que el Señor nos ofrece experimentar cada día: la alegría, la paz, el perdón de nuestros pecados y la acción de Su gracia.

Al respecto, quiero manifestar mi gratitud a S.E. Mons. Charles Scicluna, Arzobispo de Malta, y al Rev. Jordi Bertomeu Farnós, oficial de la Congregación para la Doctrina de la Fe, por su ingente labor de escucha serena y empática de los 64 testimonios que recogieron recientemente tanto en Nueva York como en Santiago de Chile. Los envié a escuchar desde el corazón y con humildad. Posteriormente, cuando me entregaron el informe y, en particular, su valoración jurídica y pastoral de la información recogida, reconocieron ante mí haberse sentido abrumados por el dolor de tantas víctimas de graves abusos de conciencia y de poder y, en particular, de los abusos sexuales cometidos por diversos consagrados de vuestro País contra menores de edad, aquellos a los que se les negó a destiempo e incluso les robaron la inocencia.

El mismo más sentido y cordial agradecimiento lo debemos expresar como pastores a los que con honestidad, valentía y sentido de Iglesia solicitaron un encuentro con mis enviados y les mostraron las heridas de su alma. Mons. Scicluna y el Rev. Bertomeu me han referido cómo algunos obispos, sacerdotes, diáconos, laicos y laicas de Santiago y Osorno acudieron a la parroquia Holy Name de Nueva York o a la sede de Sotero Sanz, en Providencia, con una madurez, respeto y amabilidad que sobrecogían.

Por otra parte, los días posteriores a dicha misión especial han sido testigos de otro hecho meritorio que deberíamos tener bien presente para otras ocasiones, pues no solo se ha mantenido el clima de confidencialidad alcanzado durante la visita, sino que en ningún momento se ha cedido a la tentación de convertir esta delicada misión en un circo mediático. Al respecto, quiero agradecer a las diferentes organizaciones y medios de comunicación su profesionalidad al tratar este caso tan delicado, respetando el derecho de los ciudadanos a la información y la buena fama de los declarantes.

Ahora, tras una lectura pausada de las actas de dicha «misión especial», creo poder afirmar que todos los testimonios recogidos en ellas hablan en modo descarnado, sin aditivos ni edulcorantes, de muchas vidas crucificadas y les confieso que ello me causa dolor y vergüenza.

Teniendo en cuenta todo esto les escribo a ustedes, reunidos en la 115ª asamblea plenaria, para solicitar humildemente Vuestra colaboración y asistencia en el discernimiento de las medidas que a corto, medio y largo plazo deberán ser adoptadas para restablecer la comunión eclesial en Chile, con el objetivo de reparar en lo posible el escándalo y restablecer la justicia.

Pienso convocarlos a Roma para dialogar sobre las conclusiones de la mencionada visita y mis conclusiones. He pensado en dicho encuentro como en un momento fraternal, sin prejuicios ni ideas preconcebidas, con el solo objetivo de hacer resplandecer la verdad en nuestras vidas. Sobre la fecha encomiendo al Secretario de la Conferencia Episcopal hacerme llegar las posibilidades.

En lo que me toca, reconozco y así quiero que lo transmitan fielmente, que he incurrido en graves equivocaciones de valoración y percepción de la situación, especialmente por falta de información veraz y equilibrada. Ya desde ahora pido perdón a todos aquellos a los que ofendí y espero poder hacerlo personalmente, en las próximas semanas, en las reuniones que tendré con representantes de las personas entrevistadas.

Permaneced en mí (Jn 15,4): estas palabras del Señor resuenan una y otra vez en estos días. Hablan de relaciones personales, de comunión, de fraternidad que atrae y convoca. Unidos a Cristo como los sarmientos a la vid, los invito a injertar en vuestra oración de los próximos días una magnanimidad que nos prepare para el mencionado encuentro y que luego permita traducir en hechos concretos lo que habremos reflexionado. Quizás incluso también sería oportuno poner a la Iglesia de Chile en estado de oración. Ahora más que nunca no podemos volver a caer en la tentación de la verborrea o de quedarnos en los «universales». Estos días, miremos a Cristo. Miremos su vida y sus gestos, especialmente cuando se muestra compasivo y misericordioso con los que han errado. Amemos en la verdad, pidamos la sabiduría del corazón y dejémonos convertir.

A la espera de Vuestras noticias y rogando a S.E. Mons. Santiago Silva Retamales, Presidente de la Conferencia Episcopal de Chile, que publique la presente con la mayor celeridad posible, les imparto mi bendición y les pido por favor que no dejen de rezar por mí.

FRANCISCO

CARTA A LOS OBISPOS DE CHILE

15 de mayo de 2018

Queridos hermanos:

El pasado 8 de abril, domingo de la Misericordia les envié una carta convocándolos a Roma para dialogar sobre las conclusiones de la visita realizada por la «Misión especial» que tenía como cometido ayudar a encontrar luz para tratar adecuadamente una herida abierta, dolorosa y compleja que desde hace mucho tiempo no deja de sangrar en la vida de tantas personas, y por tanto, en la vida del Pueblo de Dios.

Una herida tratada hasta ahora con una medicina que, lejos de curar parece haberla ahondado más en su espesura y dolor. Debemos reconocer que se realizaron diversas acciones para tratar de reparar el daño y el sufrimiento ocasionados, pero tenemos que ser conscientes de que el camino seguido no ha servido de mucho para sanar y curar. Quizás por querer dar vuelta la página demasiado rápido y no asumir las insondables ramificaciones de este mal; o porque no se tuvo el coraje para afrontar las responsabilidades, las omisiones, y especialmente las dinámicas que han permitido que las heridas se hicieran y se perpetuaran en el tiempo;

quizás por no tener el temple para asumir como cuerpo esa realidad en la que todos estamos implicados, yo el primero, y que nadie puede eximirse desplazando el problema sobre las espaldas de los otros; o porque se pensó que se podía seguir adelante sin reconocer humilde y valientemente que en todo el proceso se habían cometido errores.

En este sentido, escuchando el parecer de varias personas y constatando la persistencia de la herida, formé una comisión especial para que, con gran libertad de espíritu, de modo jurídico y técnico pudiese brindar un diagnóstico lo más independiente posible y ofrecer una mirada limpia sobre los acontecimientos pasados y sobre el estado actual de la situación.

Este tiempo que se nos ofrece es tiempo de gracia. Tiempo para poder, bajo el impulso del Espíritu Santo y en clima de colegialidad, dar los pasos necesarios para generar la conversión a la que el mismo espíritu nos quiere llevar. Necesitamos un cambio, lo sabemos, lo necesitamos y anhelamos. No solo se lo debemos a nuestras comunidades y a tantas personas que han sufrido y sufren en su carne los dolores provocados, sino que pertenece a la misión y a la identidad misma de la Iglesia el espíritu de conversión. Dejemos que este tiempo sea tiempo de conversión.

«Es necesario que él crezca y que yo disminuya» (Jn 3,30). Con estas palabras el último de los grandes profetas, Juan el Bautista, hablaba a sus discípulos cuando, escandalizados, le hacían ver que había alguien que hacía lo mismo que él. Juan, consciente de su identidad y misión —él no era el Mesías, pero había sido enviado antes que él (vv.28)—, no vaciló en darles una respuesta clara y sin ningún tipo de ambigüedad. Con este trasfondo de profecía e inspirado en las palabras de este profeta me gustaría dar el «puntapié inicial» para la reflexión fraterna con ustedes durante estos días.

1. *Es necesario que él crezca...*

Quizás no haya mayor alegría para el creyente que compartir, testimoniar y hacer visible a Jesús y a su Reino. El encuentro con el Resucitado transforma la vida y hace que la fe se vuelva alegremente contagiosa. Es la semilla del Reino de los Cielos que espontáneamente tiende a compartirse, a multiplicarse y que, como a Andrés, nos lleva a correr hacia nuestros hermanos y decir: «hemos encontrado al Mesías» (Jn 1,41). Un Mesías que siempre nos abre horizontes de vida y esperanza. El discípulo se deja lanzar hacia esta aventura por la acción del Espíritu para hacer crecer y esparcir la vida nueva que Jesús nos ofrece. Esta acción no la podemos identificar nunca con proselitismo o conquista de espacios, sino como la invitación alegre a la vida nueva que Jesús nos regala. «Es necesario que él crezca» es lo que palpita en el corazón del discípulo porque experimentó que Jesucristo es oferta de vida buena. Solo Él es capaz de salvar.

La Iglesia en Chile sabe de esto. La historia nos dice que supo ser madre que engendró a muchos en la fe, predicó la vida nueva del Evangelio y luchó por esta cuando se veía amenazada. Una Iglesia que supo dar «pelea» cuando la dignidad de sus hijos no era respetada o simplemente ninguneada. Lejos de ponerse ella en el centro, buscando ser el centro, supo ser la Iglesia que puso al centro lo importante. En momentos oscuros de la vida de su pueblo, la Iglesia en Chile tuvo la valentía profética no solo de levantar la voz, sino también de convocar para crear espacios en defensa de hombres y mujeres por quienes el Señor le había encomendado velar; bien sabía que no se podía proclamar el mandato nuevo del amor sin promover mediante la justicia y la paz el verdadero crecimiento de cada persona.[1] Así podemos hablar de Iglesia profética que sabe ofrecer y engendrar la vida buena que el Señor nos ofrece.

Una Iglesia profética que sabe poner a Jesús en el centro es capaz de promover una acción evangelizadora que mira al Maestro con la ternura de Teresa de Los Andes y afirmar: «¿Temes acercarte a él? Míralo en medio de su rebaño fiel, cargando sobre sus hombros a la oveja infiel. Míralo sobre la tumba de Lázaro. Y oye lo que dice Magdalena: mucho se le ha perdonado, porque ha amado mucho. ¿Qué descubres en estos rasgos del Evangelio sino un corazón dulce, tierno, compasivo, un corazón en fin de un Dios?».[2]

Una Iglesia profética que sabe poner Jesús en el centro es capaz de hacer fiesta por la alegría que el Evangelio provoca. Como señalé en Iquique, pero que bien podemos extender a tantos lugares del norte al sur de Chile, la piedad popular es una de las riquezas más grandes que el Pueblo de Dios ha sabido cultivar. Con sus fiestas patronales, con sus bailes religiosos —que se prolongan hasta por semanas— con su música y vestidos logran convertir a tantas zonas en santuarios de piedad popular. Porque no son fiestas que quedan encerradas dentro del templo, sino que logran vestir a todo el pueblo de fiesta.[3] Y así se queda un entretejido

---

1   Cfr. Pablo VI, Exhortación apostólica *Evangelii Nuntiandi*, n. 29.
2   Santa Teresa de Los Andes, *Diarios y cartas*, 373.376.
3   Cfr. Francisco, *Homilía y saludo final en la Santa Misa de la Virgen del Carmen y Oración por Chile*, campus Lobito-Iquique, 18 de enero de 2018.

capaz de celebrar alegre y esperanzadamente la presencia de Dios en medio de su pueblo. En los santuarios aprendemos a hacer una Iglesia de cercanías, de escucha, que sabe sentir y compartir una vida tal cual se presenta. Una Iglesia que aprendió que la fe solo se transmite en dialecto y así celebra cantando y danzando «la paternidad, la providencia, la presencia amorosa y constante de Dios».[4]

Una Iglesia profética que sabe poner a Jesús en el centro es capaz de engendrar en la santidad a un hombre que supo proclamar con su vida: «Cristo vaga por nuestras calles en la persona de tantos pobres, enfermos, desalojados de su mísero conventillo. Cristo, acurrucado bajo los puentes, en la persona de tantos niños que no tienen a quien llamar "padre", que carecen hace muchos años del beso de la madre sobre su frente... ¡Cristo no tiene hogar! ¿No queremos dárselo nosotros?... "Lo que hagan al más pequeño de mis hermanos, me lo hacen a Mí", ha dicho Jesús»;[5] ya que «si verdaderamente hemos partido de la contemplación de Cristo, tenemos que saberlo descubrir sobre todo en el rostro de aquellos con los que Él mismo ha querido identificarse».[6]

Una Iglesia profética que sabe poner a Jesús en el centro es capaz de convocar para generar espacios que acompañen y defiendan la vida de los diferentes pueblos que conforman su vasto territorio, reconociendo una riqueza multicultural y étnica sin igual por la que es necesario velar. A modo

---

4 *Evangelii Nuntiandi*, n. 48; CELAM, Puebla, 400.454; CELAM, Aparecida, 99b. 262-265; *Evangelii Gaudium*, n. 122

5 San Alberto Hurtado, *Cristo no tiene hogar*, meditación en un retiro a señoras el 16 de octubre 1944.

6 Juan Pablo II, Carta apostólica *Novo Millennio ineunte*, n. 49.

de ejemplo señalo las iniciativas promovidas especialmente por los obispos del sur de Chile durante la década de 1960 impulsando los mecanismos necesarios para que el pueblo Mapuche pudiera vivir en plenitud el arte del buen vivir —del que tanto tenemos que aprender—. Acciones fuertes que generaron estructuras en favor de la defensa de la vida invitando al protagonismo responsable de una fe encarnada, transformadora; esa fe que sabe hacer vida la llamada del Concilio que nos recuerda que «los gozos y las esperanzas, las tristezas y las angustias de los hombres de nuestro tiempo, sobre todo de los pobres y de cuantos sufren, son a la vez gozos y esperanzas, tristezas y angustias de los discípulos de Cristo. Nada hay verdaderamente humano que no encuentre eco en su corazón».[7]

Una Iglesia profética que sabe poner a Jesús en el centro con sinceridad es capaz —como supo mostrarnos uno de Vuestros pastores— de «confesar que, en nuestra historia personal, y en la historia de nuestro Chile, ha habido injusticia, mentira, odio, culpa, indiferencia. [Y los invitaba a ser] sinceros, humildes y decir al Señor: ¡hemos pecado contra ti! Pecar contra nuestro hermano, el hombre y la mujer, es pecar contra Cristo, que murió y resucitó por todos los hombres. ¡Seamos sinceros, humildes!: ¡Pequé Señor contra ti! ¡No obedecí a tu evangelio!».[8] La conciencia consciente de sus límites y pecados la hace vivir alerta ante la tentación de suplantar a su Señor.

Y así podríamos seguir enumerando muchos fermentos vivos de Iglesia profética que sabe poner a Jesús en el centro.

---

7   Concilio Vaticano II, *Gadium et Spes*, n. 1.
8   Card. Silva Henríquez, *Reconciliación de los chilenos*, Homilía al terminar el Año Santo, 24 de noviembre de 1974.

Pero la invitación más grande y fecundamente vital —como lo he querido subrayar en la reciente Exhortación Apostólica recordando a Edith Stein— nace de la confianza y convicción que: «en la noche más oscura surgen los más grandes profetas y los santos; sin embargo, la corriente vivificante de la vida mística permanece invisible. Los acontecimientos decisivos de la historia del mundo fueron esencialmente influenciados por almas sobre las cuales nada dicen los libros de historia. Y cuáles sean las almas a las que hemos de agradecer los acontecimientos decisiones de nuestra vida personal es algo que solo sabremos el día en que todo lo oculto será revelado».[9] El Santo pueblo fiel de Dios, desde su silencio cotidiano, de muchas formas y maneras sigue haciendo visible y testimonia con «testaruda» esperanza que el Señor no abandona, que sostiene la entrega constante y, en tantas situaciones sufriente de sus hijos. El Santo y Paciente Pueblo fiel de Dios sostenido y vivificado por el Espíritu Santo es el mejor rostro de la Iglesia profética que sabe poner al centro a su Señor en la entrega cotidiana.[10] Nuestra actitud como pastores es aprender a confiar en esta realidad eclesial y a reverenciar y reconocer que en un pueblo sencillo, que confiesa su fe en Jesucristo, ama a la Virgen, se gana la vida con el trabajo, (tantas veces mal pagado), bautiza a sus hijos y entierra a sus muertos; en ese pueblo fiel que se sabe pecador pero no se cansa de pedir perdón porque cree en la misericordia del Padre, en ese pueblo fiel y silencioso reside el sistema inmunitario de la Iglesia.

---

9   *Verborgenes Leben Und Epiphanie*, en GW XI, p. 145.
10 Cfr. *Gaudete et Exsultate*, nn. 6-9.

2. Y que yo disminuya.

Duele constatar que, en este último periodo de la historia de la Iglesia chilena, esta inspiración profética perdió fuerza para dar lugar a lo que podríamos denominar una transformación en su centro. No sé qué fue primero, si la pérdida de fuerza profética dio lugar al cambio de centro o el cambio de centro llevó a la pérdida de la profecía que era tan característica en Ustedes. Lo que sí podemos observar es que la Iglesia que era llamada a señalar a Aquel que es el Camino, la Verdad y la Vida (Jn 14,6) se volvió ella misma el centro de atención. Dejó de mirar y señalar al Señor para mirarse y ocuparse de sí misma. Concentró en sí la atención y perdió la memoria de su origen y misión.[11] Se ensimismó de tal forma que las consecuencias de todo este proceso tuvieron un precio muy elevado: *su pecado se volvió el centro de atención.* La dolorosa y vergonzosa constatación de abusos sexuales a menores, de abusos de poder y de conciencia por parte de ministros de la Iglesia, así como la forma en que estas situaciones han sido abordadas,[12] deja en evidencia este «cambio de centro eclesial». Lejos de disminuir ella para que apareciesen los signos del Resucitado, el pecado eclesial ocupó todo el escenario concentrando en sí la atención y las miradas.

[11] «Tu fama de extendió entre las naciones, porque tu belleza era perfecta gracias al esplendor con que yo te había adornado —oráculo del Señor—. Pero tú te preciaste de tu hermosura y te aprovechaste de tu fama». Ez. 16,14-15b.

[12] Es sintomático notar en el informe presentado por la «Misión especial» que todos los declarantes, incluso los miembros del Consejo Nacional para la Prevención del Abuso de Menores de Edad y Acompañamiento de las Víctimas, han señalado la insuficiente atención pastoral prestada hasta el momento a todos los que se han visto envueltos, de un modo u otro, en una causa canónica de delicta graviora.

Es urgente abordar y buscar reparar en el corto, mediano y largo plazo este escándalo para restablecer la justicia y la comunión.[13] A su vez creo que, con la misma urgencia, debemos trabajar en otro nivel para discernir cómo generar nuevas dinámicas eclesiales en consonancia con el Evangelio y que nos ayuden a ser mejores discípulos misioneros capaces de recuperar la profecía.

Esa vida nueva que el Señor nos dona implica recuperar la claridad del Bautista y afirmar sin ambigüedad que el discípulo no es ni será jamás el Mesías. Esto nos lleva a promover una alegre y realista conciencia de nosotros mismos: el discípulo no es más que su Señor. Y por esto mismo, en primer lugar, tenemos que estar atentos a todo tipo o forma de mesianismo que pretenda erguirse como único intérprete de la voluntad de Dios. Muchas veces podemos caer en la tentación de una vivencia eclesial de la autoridad que pretende suplantar las distintas instancias de comunión y participación, o lo que es peor, suplantar la conciencia de los fieles olvidando la enseñanza conciliar que nos recuerda que «la conciencia es el núcleo más secreto y el sagrario del hombre, en el que está solo con Dios, cuya voz resuena en lo más íntimo de ella».[14] Es clave recuperar una dinámica eclesial capaz de ayudar a los discípulos a discernir el sueño de Dios para sus vidas, sin pretender suplantarlos en tal búsqueda. En los hechos, los falsos mesianismos pretenden cancelar esa elocuente verdad de que la unción del Santo la tiene la totalidad de los fieles.[15] Nunca un individuo

---

13   Cfr. *Carta a los Obispos de Chile*, 8 de abril de 2018, cfr. *supra*, pp. 123-128 .

14   Concilio Vaticano II, *Gadium et Spes*, n. 16.

15   Cfr. Concilio Vaticano II, *Lumen Gentium*, 12.

o un grupo ilustrado puede pretender ser la totalidad del Pueblo de Dios y menos aún creerse la voz auténtica de su interpretación. En este sentido debemos prestar atención a lo que me permito llamar «psicología de élite» que puede traslaparse en nuestra manera de abordar las cuestiones. La psicología de élite o elitista termina generando dinámicas de división, separación, «círculos cerrados» que desembocan en espiritualidades narcisistas y autoritarias en las que, en lugar de evangelizar, lo importante es sentirse especial, diferente de los demás, dejando así en evidencia que ni Jesucristo ni los otros interesan verdaderamente.[16] Mesianismo, elitismos, clericalismos, son todos sinónimos de perversión en el ser eclesial; y también sinónimo de perversión es la pérdida de la sana conciencia de sabernos pertenecientes al santo Pueblo fiel de Dios que nos precede y que —gracias a Dios— nos sucederá. No perdamos jamás la conciencia de ese don tan excelso que es nuestro bautismo.

El reconocimiento sincero, orante e incluso muchas veces dolorido de nuestros límites es lo que permite a la gracia actuar mejor en nosotros, ya que le deja espacio para provocar ese bien posible que se integra en una dinámica sincera, comunitaria, y de real crecimiento.[17] Esta conciencia de límite y de la parcialidad que ocupamos dentro del Pueblo de Dios nos salva de la tentación y pretensión de querer ocupar todos los espacios, y especialmente un lugar que no nos corresponde: el del Señor. Solo Dios es capaz de la totalidad, solo Él es capaz de la totalidad de un amor exclusivo y no excluyente al mismo tiempo. Nuestra misión es y será siem-

---

16 Cfr. *Evangelii Gaudium*, n. 94
17 Cfr. *Gaudete et Exsultate*, n. 52.

pre misión compartida. Como les dije en el encuentro con el clero en Santiago: «la conciencia de tener llagas nos libera de volvernos autoreferenciales, de creernos superiores. Nos libera de esa tendencia prometeica de quienes en el fondo solo confían en sus fuerzas y se sienten superiores a otros».[18]

Por ello, y permítanme la insistencia, urge generar dinámicas eclesiales capaces de promover la participación y misión compartida de todos los integrantes de la comunidad eclesial evitando cualquier tipo de mesianismo o psicología-espiritualidad de élite. Y, en concreto, por ejemplo, nos hará bien abrirnos más y trabajar conjuntamente con distintas instancias de la sociedad civil para promover una cultura antiabusos del tipo que fuera. Cuando los convoqué a este encuentro los invitaba a pedir al Espíritu el don de la magnanimidad para poder traducir en hechos concretos lo que reflexionemos. Los exhorto a que pidamos con insistencia este don por el bien de la Iglesia en Chile. Recibí con cierta preocupación la actitud con la que algunos de Ustedes, Obispos, han reaccionado ante los acontecimientos presentes y pasados. Una actitud orientada hacia lo que podemos denominar el «episodio Jonás» —en medio de la tormenta era necesario tirar fuera el problema (Jon 1, 4-16)—[19] creyendo que la sola remoción de personas solucionaría de por sí los problemas.[20] Así pasa al olvido el

---

18   *Encuentro con los sacerdotes, religiosos/as, consagrados/as y seminaristas*, Santiago de Chile, 16 de enero de 2018.

19   El mismo Jonás se hace cargo de que la tormenta fue provocada por no asumir la misión que le correspondía y que para liberarse de ella debían tirarlo al mar. vv 12: «levántenme y arrójenme al mar y el mar se les calmará. Yo sé muy bien que por mi culpa les ha sobrevenido esta gran tempestad».

20   «Muerto el perro se acabó la rabia». Igualmente se podría hablar del «síndrome Caifás»: conviene que un solo hombre muera por el pueblo.

principio paulino: «si el pie dijera: "Como no soy mano, no formo parte del cuerpo", ¿acaso por eso no seguiría siendo parte de él?» (1 Cor. 12, 12). Los problemas que hoy se viven dentro de la comunidad eclesial no se solucionan solamente abordando los casos concretos y reduciéndolos a remoción de personas;[21] esto —y lo digo claramente— hay que hacerlo, pero no es suficiente, hay que ir más allá. Sería irresponsable de nuestra parte no ahondar en buscar las raíces y las estructuras que permitieron que estos acontecimientos concretos se sucedieran y perpetuasen.

Las dolorosas situaciones acontecidas son indicadores de que algo en el cuerpo eclesial está mal.[22] Debemos abordar los casos concretos y a su vez, con la misma intensidad, ir más hondo para descubrir las dinámicas que hicieron posible que tales actitudes y males pudiesen ocurrir.[23] Confesar el pecado es necesario, buscar remediarlo es urgente, conocer las raíces del mismo es sabiduría para el presente-futuro. Sería grave omisión de nuestra parte no

21 Porque no se trata solamente de un caso en particular. Son numerosas las situaciones de abuso de poder, de autoridad; de abuso sexual. Y eso incluye el tratamiento que hasta ahora se ha venido teniendo de los mismos.

22 A modo de ejemplo, en el informe presentado por la «Misión especial» muchos de los entrevistados en Sotero Sanz sostienen que parte de la fractura profunda en la comunión eclesial se arrastraría en el clero desde el mismo Seminario, viciando lo que deberían ser las relaciones fraternas presbiterales y haciendo partícipe a los fieles de estas divisiones y fracturas, que termina por dañar irremediablemente la credibilidad social y el liderazgo eclesial de los presbíteros y de los obispos.

23 En el informe de la «Misión especial» mis enviados han podido confirmar que algunos religiosos expulsados de su orden a causa de la inmoralidad de su conducta y tras haberse minimizado la absoluta gravedad de sus hechos delictivos atribuyéndolos a simple debilidad o falta moral, habrían sido acogidos en otras diócesis e incluso, en modo más que imprudente, se les habrían confiado cargos diocesanos o parroquiales que implican un contacto cotidiano y directo con menores de edad.

ahondar en las raíces. Es más, creer que solo la remoción de las personas, sin más, generaría la salud del cuerpo es una gran falacia. No hay duda de que ayudaría y es necesario hacerlo, pero repito, no alcanza,[24] ya que este pensamiento nos dispersaría de la responsabilidad y la participación que nos corresponde dentro del cuerpo eclesial. Y allí donde la responsabilidad no es asumida y compartida, el culpable de lo que no funciona o está mal siempre es el otro.[25] Por fa-

---

24 Nuevamente, en ese sentido, me gustaría detenerme en tres situaciones que se desprenden del informe de la «Misión especial»: 1. La investigación demuestra que existen graves defectos en el modo de gestionar los casos de *delicta graviora* que corroboran algunos datos preocupantes que comenzaron a saberse en algunos Dicasterios romanos. Especialmente en el modo de recibir las denuncias o *notitiae crimini*, pues en no pocos casos han sido calificados muy superficialmente como inverosímiles, lo que eran graves indicios de un efectivo delito. Durante la Visita se ha constado también la existencia de presuntos delitos investigados solo a destiempo o incluso nunca investigados, con el consiguiente escándalo para los denunciantes y para todos aquellos que conocían las presuntas víctimas, familias, amigos, comunidades parroquiales. En otros casos, se ha constatado la existencia de gravísimas negligencias en la protección de los niños/as y de los niños/as vulnerables por parte de los Obispos y Superiores religiosos, los cuales tienen una especial responsabilidad en la tarea de proteger al Pueblo de Dios. 2. Otras circunstancia análoga que me ha causado perplejidad y vergüenza ha sido la lectura de las declaraciones que certifican presiones ejercidas sobre aquellos que debían llevar adelante la instrucción de los procesos penales o incluso la destrucción de documentos comprometedores por parte de encargados de archivos eclesiásticos, evidenciando así una absoluta falta de respeto por el procedimiento canónico y, más aún, unas prácticas reprobables que deberán ser evitadas en el futuro. 3. En la misma línea y para poder corroborar que el problema no pertenece a solo un grupo de personas, en el caso de muchos abusadores se detectaron ya graves problemas en ellos en su etapa de formación en el seminario o noviciado. De hecho, constan en las actas de la «Misión especial» graves acusaciones contra algunos Obispos o Superiores que habrían confiado dichas instituciones educativas a sacerdotes sospechosos de homosexualidad activa

25 Eco de esa actitud paradigmática que nos recuerda Gn 3,11-13: «Acaso has comido del árbol que yo te prohibí». El hombre respondió: «La mujer que pusiste a mi lado me dio el fruto y yo comí de él». El Señor Dios dijo a la mujer:

vor, cuidémonos de la tentación de querer salvarnos a nosotros mismos, salvar nuestra reputación («salvar el pellejo»); que podamos confesar comunitariamente la debilidad y así poder encontrar juntos respuesta humildes, concretas y en comunión con todo el Pueblo de Dios. La gravedad de los sucesos no nos permite volvernos expertos cazadores de «chivos expiatorios». Todo esto nos exige seriedad y corresponsabilidad para asumir los problemas como síntomas de un todo eclesial que somos invitados a analizar y también nos pide buscar todas las mediaciones necesarias para que nunca más vuelvan a perpetuarse. Solo podemos lograrlo si lo asumimos como un problema de todos y no como el problema que viven algunos. Solo podremos solucionarlo si lo asumimos colegialmente, en comunión, en sinodalidad.

Hermanos, no estamos aquí porque seamos mejores que nadie. Como les dije en Chile, estamos aquí con la conciencia de ser pecadores-perdonados o pecadores que quieren ser perdonados, pecadores con apertura penitencial. Y en esto encontramos la fuente de nuestra alegría. Queremos ser pastores al estilo de Jesús herido, muerto y resucitado. Queremos encontrar en las heridas de nuestro pueblo los signos de la Resurrección. Queremos pasar de ser una Iglesia centrada en sí, abatida y desolada por sus pecados, a una Iglesia servidora de tantos abatidos que conviven a nuestro lado. Una Iglesia capaz de poner en el centro lo importante: el servicio a su Señor en el hambriento, en el preso, en el sediento, en el desalojado, en el desnudo, enfermo, en el abusado... (Mt 25,35) con la conciencia de que ellos tienen la

---

«Cómo hiciste semejante cosa». La mujer respondió: «La serpiente me sedujo y respondí». En criollo nos recuerda la actitud del niño que mira a sus padres y dice: «Yo no fui»

dignidad para sentarse a nuestra mesa, de sentirse «en casa», entre nosotros, de ser considerados familia. Ese es el signo de que el Reino de los Cielos está entre nosotros, es el signo de una Iglesia que fue herida por su pecado, misericordiada por su Señor, y convertida en profética por vocación.[26] Hermanos, las ideas se discuten, las situaciones se disciernen. Estamos reunidos para discernir, no para discutir.

Renovar la profecía es volver a concentrarnos en lo importante; es contemplar al que traspasaron y escuchar «no está aquí; ha resucitado» (Mt 28,6); es crear las condiciones y las dinámicas eclesiales para que cada persona en la situación que se encuentre pueda descubrir al que vive y nos espera en Galilea.

Francisco

---

26   Cfr. *Encuentro con los sacerdotes, religiosos/as, consagrados/as y seminaristas*, Santiago de Chile, 16 de enero de 2018.

CARTA A LOS OBISPOS DE CHILE

17 de mayo de 2018

Queridos hermanos en el episcopado:

Les quiero agradecer que hayan acogido la invitación para que, juntos, hiciéramos un discernimiento franco frente a los graves hechos que han dañado la comunión eclesial y debilitado el trabajo de la Iglesia de Chile en los últimos años.

A la luz de estos acontecimientos dolorosos respecto a los abusos —de menores, de poder y de conciencia—, hemos profundizado en la gravedad de los mismos así como en las trágicas consecuencias que han tenido particularmente para las víctimas. A algunas de ellas yo mismo les he pedido perdón de corazón, al cual ustedes se han unido en una sola voluntad y con el firme propósito de reparar los daños causados.

Les agradezco la plena disponibilidad que cada uno ha manifestado para adherir y colaborar en todos aquellos cambios y resoluciones que tendremos que implementar en el corto, mediano y largo plazo, necesarias para restablecer la justicia y la comunión eclesial.

Después de estos días de oración y reflexión los envío a seguir construyendo una Iglesia profética, que sabe poner en el centro lo importante: el servicio a su Señor en el hambriento, en el preso, en el migrante, en el abusado.

Por favor, no se olviden de rezar por mí.

Que Jesús los bendiga y la Virgen Santa los cuide. Fraternalmente

FRANCISCO

CARTA AL PUEBLO DE DIOS
QUE PEREGRINA EN CHILE

31 de mayo de 2018

Queridos hermanos y hermanas:

El pasado 8 de abril convocaba a mis hermanos obispos a Roma para buscar juntos en el corto, mediano y largo plazo caminos de verdad y vida ante una herida abierta, dolorosa, compleja que desde hace mucho tiempo no deja de sangrar.[1] Y les sugería que invitaran a todo el Santo Pueblo fiel de Dios a ponerse en estado de oración para que el Espíritu Santo nos diera la fuerza de no caer en la tentación de enroscarnos en vacíos juegos de palabras, en diagnósticos sofisticados o en vanos gestos que no nos permitiesen la valentía necesaria para mirar de frente el dolor causado, el rostro de sus víctimas, la magnitud de los acontecimientos. Los invitaba a mirar hacia donde el Espíritu Santo nos impulsa, ya que «cerrar los ojos ante el prójimo nos convierte también ciegos ante Dios».[2]

---

1 Cfr. *Carta a los Obispos de Chile*, 8 de abril de 2018, *supra*, pp. 123-128.
2 Benedicto XVI, *Deus caritas est*, n. 16.

Con alegría y esperanza recibí la noticia de que han sido muchas las comunidades, los pueblos y capillas donde el Pueblo de Dios estuvo rezando, especialmente los días que estábamos reunidos con los obispos: el Pueblo de Dios de rodillas que implora el don del Espíritu Santo para encontrar luz en la Iglesia «herida por su pecado, misericordiada por su Señor, y para que sea cada día convertida en profética por vocación».[3] Sabemos que la oración nunca es en vano y que «en medio de la oscuridad siempre comienza a brotar algo nuevo, que tarde o temprano produce fruto».[4]

1. Apelar a Ustedes, pedirles oración, no fue un recurso funcional, como tampoco un simple gesto de buena voluntad. Por el contrario, quise enmarcar las cosas en su preciso y precioso lugar y poner el tema donde tiene que estar: la condición del Pueblo de Dios «es la dignidad y la libertad de los hijos de Dios, en cuyos corazones habita el Espíritu Santo como en un templo».[5] El Santo Pueblo fiel de Dios está ungido con la gracia del Espíritu Santo; por tanto, a la hora de reflexionar, pensar, evaluar, discernir, debemos estar muy atentos a esta unción. Cada vez que como Iglesia, como pastores, como consagrados, hemos olvidado esta certeza erramos el camino. Cada vez que intentamos suplantar, acallar, ningunear, ignorar o reducir a pequeñas élites al Pueblo de Dios en su totalidad y diferencias, construimos comunidades, planes pastorales, acentuaciones teologías, espiritua-

---

3 Cfr. *Encuentro con los sacerdotes, religiosos/as, consagrados/as y seminaristas*, Santiago de Chile, 16 de enero de 2018.

4 Francisco, *Evangelii Gaudium*, n. 278.

5 Cfr. Concilio Vaticano II, *Lumen Gentium*, n. 9.

lidades, estructuras sin raíces, sin historia, sin rostros, sin memoria, sin cuerpo, en definitiva, sin vidas. Desenraizarnos de la vida del Pueblo de Dios nos precipita a la desolación y perversión de la naturaleza eclesial; la lucha contra una cultura del abuso exige renovar esta certeza.

Como les dije a los jóvenes en Maipú quiero decírselo de manera especial a cada uno: «la Santa Madre Iglesia hoy necesita del Pueblo fiel de Dios, necesita que nos interpele. [...] La Iglesia necesita que Ustedes saquen el carné de mayores de edad, espiritualmente mayores, y tengan el coraje de decirnos, "esto me gusta", "este camino me parece que es el que hay que hacer", "esto no va"... Que nos digan lo que sienten y piensan».[6] Esto es capaz de involucrarnos a todos en una Iglesia con aire sinodal que sabe poner a Jesús en el centro.

En el Pueblo de Dios no existen cristianos de primera, segunda o tercera categoría. Su participación activa no es cuestión de concesiones de buena voluntad, sino que es constitutiva de la naturaleza eclesial. Es imposible imaginar el futuro sin esta unción operante en cada uno de Ustedes que ciertamente reclama y exige renovadas formas de participación. Insto a todos los cristianos a no tener miedo de ser los protagonistas de la transformación que hoy se reclama y a impulsar y promover alternativas creativas en la búsqueda cotidiana de una Iglesia que quiere cada día poner lo importante en el centro. Invito a todos los organismos diocesanos —sean del área que sean— a buscar consciente y lucidamente espacios de comunión y participación para que la Unción

---

6   Cfr. *Encuentro del Santo Padre Francisco con los jóvenes,* Santuario Nacional de Maipú, 17 de enero de 2018.

del Pueblo de Dios encuentre sus mediaciones concretas para manifestarse.

La renovación en la jerarquía eclesial por sí misma no genera la transformación a la que el Espíritu Santo nos impulsa. Se nos exige promover conjuntamente una transformación eclesial que nos involucre a todos.

Una Iglesia profética y, por tanto, esperanzadora reclama de todos una mística de ojos abiertos, cuestionadora y no adormecida.[7] No se dejen robar la unción del Espíritu.

2. «El viento sopla donde quiere: tú oyes su voz, pero no sabes de dónde viene ni a dónde va. Lo mismo sucede con todo el que ha nacido del Espíritu» (Jn 3,8). Así respondía Jesús a Nicodemo ante el diálogo que tenían sobre la posibilidad de nacer de nuevo para entrar en el Reino de los Cielos.

En este tiempo a la luz de este pasaje nos hace bien volver a ver nuestra historia personal y comunitaria: el Espíritu Santo sopla donde quiere y como quiere con el único fin de ayudarnos a nacer de nuevo. Lejos de dejarse encerrar en esquemas, modalidades, estructuras fijas o caducas, lejos de resignarse o «bajar la guardia» ante los acontecimientos, el Espíritu está continuamente en movimiento para ensanchar las miradas estrechas, hacer soñar al que perdió la esperanza,[8] hacer justicia en la verdad y en la caridad, purificar del pecado y la corrupción e invitar siempre a la necesaria conversión. Sin esta mirada de fe todo lo que podamos decir y hacer caería en saco roto. Esta certeza es imprescindible para mirar

---

7 Cfr. Francisco, *Gaudete et Exsultate*, n. 96.
8 Cfr. Francisco, *Homilía santa misa de la solemnidad de Pentecostés*, 2018.

el presente sin evasiones pero con valentía, con coraje pero sabiamente, con tenacidad pero sin violencia, con pasión pero sin fanatismo, con constancia pero sin ansiedad, y así cambiar todo aquello que hoy ponga en riesgo la integridad y la dignidad de cada persona; ya que las soluciones que se necesitan reclaman encarar los problemas sin quedar atrapados en ellos o, lo que sería peor, repetir los mismos mecanismos que queremos eliminar.[9] Hoy somos retados a mirar de frente, asumir y sufrir el conflicto, y así poder resolverlo y transformarlo en el eslabón de un nuevo caminar.[10]

3. En primer lugar, sería injusto atribuir este proceso solo a los últimos acontecimientos vividos. Todo el proceso de revisión y purificación que estamos viviendo es posible gracias al esfuerzo y perseverancia de personas concretas que, incluso contra toda esperanza o teñidas de descrédito, no se cansaron de buscar la verdad; me refiero a las víctimas de los abusos sexuales, de poder, de autoridad y a aquellos que en su momento les creyeron y acompañaron. Victimas cuyo clamor llego al cielo.[11] Quisiera, una vez más, agradecer públicamente la valentía y la perseverancia de todos ellos.

Este último tiempo es tiempo de escucha y discernimiento para llegar a las raíces que permitieron que tales atrocida-

---

9   Es bueno reconocer a algunas organizaciones y medios de comunicación que han asumido el tema de los abusos de una forma responsable, buscando siempre la verdad y no haciendo de esta dolorosa realidad un recurso mediático para el aumento del rating en su programación.

10   Cfr. Francisco, *Evangelii Gaudium*, n. 227.

11   El Señor dijo: «Yo he visto la opresión de mi pueblo, que está en Egipto, y he oído los gritos de dolor, provocados por sus capataces. Sí, conozco muy bien sus sufrimientos» (Ex 3,7).

des se produjeran y perpetuasen, y así encontrar soluciones al escándalo de los abusos no con estrategias meramente de contención —imprescindibles pero insuficientes— sino con todas las medidas necesarias para poder asumir el problema en su complejidad.

En este sentido, quisiera detenerme en la palabra «escucha», ya que discernir supone aprender a escuchar lo que el Espíritu quiere decirnos. Y solo lo podremos hacer si somos capaces de escuchar la realidad de lo que pasa.[12]

Creo que aquí reside una de nuestras principales faltas y omisiones: no saber escuchar a las víctimas. Así se construyeron conclusiones parciales a las que les faltaban elementos cruciales para un sano y claro discernimiento. Con vergüenza debo decir que no supimos escuchar y reaccionar a tiempo.

La visita de Mons. Scicluna y Mons. Bertomeu nace al constatar que existían situaciones que no sabíamos ver y escuchar. Como Iglesia no podíamos seguir caminando ignorando el dolor de nuestros hermanos. Luego de la lectura del informe quise encontrarme personalmente con algunas víctimas de abuso sexual, de poder y de conciencia, para escucharlos, y pedirles perdón por nuestros pecados y omisiones.

4. En estos encuentros constaté cómo la falta de reconocimiento/escucha de sus historias, como también del reconocimiento/aceptación de los errores y las omisiones en todo el proceso, nos impiden hacer camino. Un reconocimiento que quiere ser más que una expresión de buena voluntad hacia las

---

12 Recordemos que esta fue la primera palabra-mandato que recibió el pueblo de Israel por parte de Yahvé: «Escucha Israel» (Dt 6, 4).

victimas, más bien quiere ser una nueva forma de pararnos frente a la vida, frente a los demás y frente a Dios. La esperanza en el mañana y la confianza en la Providencia nace y crece en asumir la fragilidad, los límites e incluso el pecado para ayudarnos a salir adelante.[13] El «nunca más» a la cultura del abuso, así como al sistema de encubrimiento que le permite perpetuarse, exige trabajar entre todos para generar una cultura del cuidado que impregne nuestras formas de relacionarnos, de rezar, de pensar, de vivir la autoridad; nuestras costumbres y lenguajes y nuestra relación con el poder y el dinero. Hoy sabemos que la mejor palabra que podamos dar frente al dolor causado es el compromiso para la conversión personal, comunitaria y social que aprenda a escuchar y cuidar especialmente a los más vulnerables. Urge, por tanto, generar espacios donde la cultura del abuso y del encubrimiento no sea el esquema dominante; donde no se confunda una actitud crítica y cuestionadora con traición. Esto nos tiene que impulsar como Iglesia a buscar con humildad a todos los actores que configuran la realidad social y promover instancias de diálogo y constructiva confrontación para caminar hacia una cultura del cuidado y protección.

Pretender esta empresa solamente desde nosotros o con nuestras fuerzas y herramientas nos encerraría en peligrosas dinámicas voluntaristas que perecerían en el corto plazo.[14] Dejémonos ayudar y ayudemos a generar una sociedad donde la cultura del abuso no encuentre espacio para perpetuarse. Exhorto a todos los cristianos y especialmente a los responsables de Centros de formación educativa terciaria, de edu-

---

13   Cfr. *Visita del Santo Padre Francisco a Centro Penitenciario Femenino*, Santiago de Chile, 16 de enero de 2018.

14   Cfr. Francisco, *Gaudete et Exsultate*, nn. 47-59.

cación formal y no formal, Centros sanitarios, Institutos de formación y Universidades, a mancomunar esfuerzos en las diócesis y con la sociedad civil toda para promover lúcida y estratégicamente una cultura del cuidado y protección. Que cada uno de estos espacios promueva una nueva mentalidad.

5. La cultura del abuso y del encubrimiento es incompatible con la lógica del Evangelio, ya que la salvación ofrecida por Cristo es siempre una oferta, un don que reclama y exige la libertad. Lavando los pies a los discípulos es como Cristo nos muestra el rostro de Dios. Nunca es por coacción ni obligación sino por servicio. Digámoslo claro, todos los medios que atenten contra la libertad e integridad de las personas son antievangélicos; por tanto es preciso también generar procesos de fe donde se aprenda a saber cuando es necesario dudar y cuando no. «La doctrina, o mejor, nuestra comprensión y expresión de ella, "no es un sistema cerrado, privado de dinámicas capaces de generar interrogantes, dudas, cuestionamientos", ya que las preguntas de nuestro pueblo, sus angustias, sus peleas, sus sueños, sus luchas, sus preocupaciones, poseen valor hermenéutico que no podemos ignorar si queremos tomar en serio el principio de encarnación».[15] Invito a todos los Centros de formación religiosa, facultades teológicas, institutos terciarios, seminarios, casas de formación y de espiritualidad a promover una reflexión teológica que sea capaz de estar a la altura del tiempo presente, promover una fe madura, adulta y que asuma el *humus* vital del Pueblo de Dios con sus búsquedas y cuestionamientos. Y así, entonces,

---

15   Cfr. Francisco, *Gaudete et Exsultate*, n. 44.

promover comunidades capaces de luchar contra situaciones abusivas, comunidades donde el intercambio, la discusión, la confrontación sean bienvenidas.[16] Seremos fecundos en la medida en que potenciemos comunidades abiertas desde su interior y así se liberen de pensamientos cerrados y autoreferenciales llenos de promesas y espejismos que prometen vida pero que en definitiva favorecen la cultura del abuso.

Quisiera hacer una breve referencia a la pastoral popular que se vive en muchas de vuestras comunidades ya que es un tesoro invaluable y auténtica escuela donde aprender a escuchar el corazón de nuestro pueblo y en el mismo acto el corazón de Dios. En mi experiencia como pastor aprendí a descubrir que la pastoral popular es uno de los pocos espacios donde el Pueblo de Dios es soberano de la influencia de ese clericalismo que busca siempre controlar y frenar la unción de Dios sobre su pueblo. Aprender de la piedad popular es aprender a entablar un nuevo tipo de relación, de escucha y de espiritualidad que exige mucho respeto y no se

---

16   Es imprescindible llevar a cabo la tan necesaria renovación en los centros de formación impulsada por la reciente Constitución Apostólica *Veritatis Gaudium*. A modo de ejemplo subrayo que «en efecto, la tarea urgente en nuestro tiempo consiste en que todo el Pueblo de Dios se prepare a emprender "con espíritu" una nueva etapa de la evangelización. Esto requiere "un proceso decidido de discernimiento, purificación y reforma". Y, dentro de ese proceso, la renovación adecuada del sistema de los estudios eclesiásticos está llamada a tener un papel estratégico. De hecho, estos estudios no deben solo ofrecer lugares e itinerarios para la formación cualificada de los presbíteros, de las personas consagradas y de laicos comprometidos, sino que constituyen una especie de laboratorio cultural providencial, en el que la Iglesia se ejercita en la interpretación de la performance de la realidad que brota del acontecimiento de Jesucristo y que se alimenta de los dones de Sabiduría y de Ciencia, con los que el Espíritu Santo enriquece en diversas formas a todo el Pueblo de Dios: desde el *sensus fidei fidelium* hasta el magisterio de los Pastores, desde el carisma de los profetas hasta el de los doctores y teólogos». Francisco, *Veritatis Gaudium*, n. 3.

presta a lecturas rápidas y simplistas, pues la piedad popular «refleja una sed de Dios que solamente los pobres y los sencillos pueden conocer».[17]

Ser «Iglesia en salida» es también dejarse ayudar e interpelar. No nos olvidemos que «el viento sopla donde quiere: tú oyes su voz, pero no sabes de dónde viene ni a dónde va. Lo mismo sucede con todo el que ha nacido del Espíritu» (Jn 3,8).

6. Como les decía, en los encuentros con las victimas pude constatar que la falta de reconocimiento nos impide caminar. Por eso creo necesario compartirles que me alegró y esperanzó mucho confirmar, en el diálogo con ellos, su reconocimiento de personas a las que me gusta llamar los «santos de la puerta de al lado».[18] Seríamos injustos si al lado de nuestro dolor y nuestra vergüenza por esas estructuras de abuso y encubrimiento que tanto se han perpetuado y tanto mal han hecho, no reconociéramos a muchos fieles laicos, consagrados, consagradas, sacerdotes, obispos que dan la vida por amor en las zonas más recónditas de la querida tierra chilena. Todos ellos son cristianos que saben llorar con lo demás, que buscan la justicia con hambre y sed, que miran y actúan con misericordia;[19] cristianos que intentan cada día iluminar su vida a la luz del protocolo con el que seremos juzgados: «Vengan, benditos de mi Padre, y reciban en herencia el Reino que les fue preparado desde el comienzo del mundo, porque tuve hambre, y Ustedes me dieron de

---

17   Pablo VI, *Evangelii Nuntiandi*, n. 48.
18   Cfr. Francisco, *Gaudete et Exsultate*, nn. 6-9.
19   Cfr. ibíd, nn. 76, 79 y 82.

comer; tuve sed, y me dieron de beber; estaba de paso, y me alojaron; desnudo, y me vistieron; enfermo, y me visitaron; preso, y me vinieron a ver» (Mt 25,34-36).

Reconozco y agradezco su valiente y constante ejemplo que en momentos de turbulencia, vergüenza y dolor siguen jugándose con alegría por el Evangelio. Ese testimonio me hace mucho bien y me sostiene en mi propio deseo de superar el egoísmo para entregarme más.[20] Lejos de restarle importancia y seriedad al mal causado y buscar las raíces de los problemas, nos compromete también a reconocer la fuerza actuante y operante del Espíritu en tantas vidas. Sin esta mirada, quedaríamos a mitad de camino y podríamos ingresar en una lógica que lejos de buscar potenciar lo bueno y remediar lo equivocado, parcializaría la realidad cayendo en grave injusticia.

Aceptar los aciertos, así como los límites personales y comunitarios, lejos de ser una noticia más se vuelve el puntapié inicial de todo auténtico proceso de conversión y transformación. Nunca nos olvidemos que Jesucristo resucitado se presenta a los suyos con sus llagas. Es más, precisamente desde sus llagas es donde Tomás puede confesar la fe. Estamos invitados a no disimular, esconder o encubrir nuestras llagas.

Una Iglesia llagada es capaz de comprender y conmoverse por las llagas del mundo de hoy, hacerlas suyas, sufrirlas, acompañarlas y moverse para buscar sanarlas. Una Iglesia con llagas no se pone en el centro, no se cree perfecta, no busca encubrir y disimular su mal, sino que pone allí al único que puede sanar las heridas y tiene un nombre: Jesucristo.[21]

20 Cfr. ibíd., n. 76.
21 Cfr. *Encuentro con los sacerdotes, religiosos/as, consagrados/as y seminaristas*, Santiago de Chile, 16 de enero de 2018.

Esta certeza es la que nos moverá a buscar, a tiempo y destiempo, el compromiso por generar una cultura donde cada persona tenga derecho a respirar un aire libre de todo tipo de abusos. Una cultura libre de encubrimientos que terminan viciando todas nuestras relaciones. Una cultura que frente al pecado genere una dinámica de arrepentimiento, misericordia y perdón, y frente al delito, la denuncia, el juicio y la sanción.

7. Queridos hermanos, comenzaba esta carta diciéndoles que apelar a Ustedes no es un recurso funcional o un gesto de buena voluntad, por el contrario, es invocar la unción que como Pueblo de Dios poseen. Con Ustedes se podrán dar los pasos necesarios para una renovación y conversión eclesial que sea sana y a largo plazo. Con Ustedes se podrá generar la transformación necesaria que tanto se necesita. Sin Ustedes no se puede hacer nada. Exhorto a todo el Santo Pueblo fiel de Dios que vive en Chile a no tener miedo de involucrarse y caminar impulsado por el Espíritu en la búsqueda de una Iglesia cada día más sinodal, profética y esperanzadora; menos abusiva porque sabe poner a Jesús en el centro, en el hambriento, en el preso, en el migrante, en el abusado.

Les pido que no dejen de rezar por mí. Lo hago por Ustedes y pido a Jesús los bendiga y a la Virgen Santa los cuide.

FRANCISCO

FRANCISCO

«Erradicar la cultura del abuso»

Carta al Pueblo de Dios

GUÍA DE LECTURA DE LA
«CARTA AL PUEBLO DE DIOS»

James Hanvey S.I.

La *Carta del Santo Padre Francisco al Pueblo de Dios* marca un momento decisivo en la vida de la Iglesia. Considerándola junto a la carta que el Papa dirigió en abril a la Conferencia Episcopal de Chile, constituye un ejemplo de liderazgo inspirado que tiene todas las características de su pontificado: es pastoral, concreta, espiritual y profética. El Papa denuncia las «hondas heridas de dolor» en las víctimas y en la Iglesia derivadas de los abusos sexuales perpetrados por sacerdotes, obispos y cardenales, y pide una profunda conversión de aquella actitud que él define como «clericalismo». Esta es una tarea que solo puede cumplir el Pueblo de Dios en su conjunto.

En los últimos meses ha salido a la luz el inexorable peso del sufrimiento causado en la Iglesia por los abusos en todas sus formas. Como también el hecho de que, con prescindencia de los motivos, la Iglesia haya actuado en colusión con los abusadores para intentar silenciar a las víctimas y ocultar la verdad. ¿Cómo es posible que un grupo que forma parte de la Iglesia haya podido pensar que protegerse a sí mismo era un servicio a Dios más importante que reconocer esa enorme fuente de sufrimiento y el escándalo de vidas destruidas, vidas de fieles inocentes? ¿Cómo podía la Iglesia tutelar la dignidad de la persona humana y pretender ser la defensora de los pobres y de los inermes, la voz de los sin voz y la memoria de los olvidados, cuando ella misma fue capaz, como cualquier Estado laico, de acallar el grito de aquellos a los que afirmaba querer amar y apreciar? Si la justificación fue la de impedir que el escándalo minase la fe del Pueblo de Dios, ¿a quién se ha «protegido»? ¿A la Iglesia o a la «carta» clerical? Es en este contexto y con estos legítimos interrogantes que el papa Francisco escribió su *Carta al Pueblo de Dios*.

Algunos podrán pensar que no son más que palabras piadosas, poniendo en duda que la invitación a la penitencia y a la oración sea adecuada, dada la enormidad de la crisis y la profundidad del dolor que ella ha causado y sigue causando. Sin embargo, Francisco ha demostrado con sus acciones que lo suyo no es la retórica. La carta presta oídos al grito de las víctimas, sofocado por demasiado tiempo, silenciado o negado, y habla de la verdad de los abusos clericales en la Iglesia señalados por el informe del tribunal de Pensilvania. Sería un error pensar que esos abusos puedan estar localmente restringidos a América del Norte, Chile, Gran Bretaña o Europa. La carta del Papa no es una estrategia política, una admisión de culpabilidad hecha en la esperanza de que la cuestión pueda ser desdramatizada, contenida y olvidada una vez que la atención de la opinión pública se vea distraída por el próximo escándalo o por el próximo suceso.

Francisco no es un político: es un servidor de Dios y de la Iglesia de Dios. La Iglesia —al igual que los que sufrieron los abusos— no puede seguir adelante sin más: la realidad de los abusos y su verdad —una verdad siempre profundamente personal— deben irrumpir en el presente y cambiarlo: no pueden ser domesticadas o envueltas en palabras y consignadas a la historia. Hacer eso sería la mayor de las traiciones. El Espíritu no entra en juegos políticos, no lleva a engaño y no distrae. La moneda del Espíritu es la verdad: verdad con respecto a Dios y verdad con respecto a nosotros. El papa Francisco ha comprendido a través del discernimiento que el que habla en la visibilidad y en la voz de los que sufren es el Espíritu. Si no prestamos oídos y no damos después una respuesta que vaya más allá de los necesarios protocolos y de los instrumentos jurídicos, la Iglesia perderá la gracia que se le ofrece. Correrá el peligro de hacer de sí y de su propia supervivencia un fin en sí mismo, sucumbiendo a la tentación de una idolatría institucional.

Creemos que la carta de Francisco, con su intento de prestar atención a la voz y a la presencia del Espíritu, marca un acontecimiento histórico decisivo tras el cual no es posible retroceder. La carta no solamente reconoce a las víctimas de los abusos clericales y de la cultura que los perpetúa, sino que describe también la desolación en que la Iglesia está viviendo justamente por ese motivo. Sin embargo, no es una carta de desolación, sino de consolación. El Espíritu respira a través de sus páginas.

El Espíritu del testimonio

En la voz de todos aquellos que han sido víctimas de abuso el Espíritu da testimonio contra los abusadores y habla a favor de sus víctimas. He aquí por qué la primera respuesta de la Iglesia no es la de despojarlos de su voz y de su testimonio. La primera tarea de una Iglesia auténtica en su deseo de conversión y de arrepentimiento es la de prestar oídos. Esta es, a menudo, la tarea más difícil de todas. Analizar, categorizar y burocratizar el testimonio de todos los que fueron —o son todavía— objeto de abuso es un acto más de violencia. La historia única que han vivido se traduce y relata en otras narraciones de las que ellos no tienen ya control. Su voz se pierde, sus rostros se vuelven anónimos. Si la Iglesia es verdaderamente solidaria y desea sinceramente cambiar, debe prestar oídos y honrar a toda persona abusada.

El abuso no es solo un momento —o varios momentos— de violencia, manipulación, engaño y sumisión: entra en el alma, como también en el corazón y en la mente. Es una rotura del yo y del sentimiento fundamental de seguridad del cual depende la identidad. El abuso, también cuando se lo sepulta, sigue teniendo el poder de secuestrar, destruir y minar una vida. No puede ser «curado» de manera simple y rápida, porque la vida de la persona —su identidad y la confianza en sí misma y en las relaciones personales— está siempre bajo amenaza.

En el caso de los abusos clericales, la manera en que el agresor impuso su poder y utilizó hasta las mismas fórmulas de fe para esconder la verdad y obligar a la persona de la cual estaba abusando convierte a menudo el lenguaje de la espiritualidad o los mismos sacramentos en lugares de memoria y de recuerdos destructivos. He ahí por qué tenemos que ser extremadamente cautos al recurrir a estas fórmulas como fuentes de comprensión o promoverlas como estrategias para la recuperación. Pueden haber quedado contaminadas para la persona que ha sido víctima de abuso. En efecto, pueden ser también un síntoma de la misma cultura clerical que, consciente o inconscientemente, permitió que los abusos continuaran siendo posibles.

El testimonio de los que han sido víctimas de abuso seguirá formando parte de la identidad de la Iglesia. Su perseverancia y su coraje es un *kairós*, es decir, una ocasión propicia de conversión y de renovación para la Iglesia. El testimonio dado por el sufrimiento de los que han sido víctimas de abuso y el desenmascaramiento de su causa son ciertamente fuente de desolación, pero son indicios válidos. Ponen a la Iglesia contra la idolatría que antepone la reputación institucional a la vida del Pueblo de Dios. Sin este testimonio la Iglesia pierde la verdad, que es la libertad misma y la alegría de su vida, la condición de su misión. La Iglesia no puede garantizar su propia existencia o supervivencia: vive siempre a partir de Cristo y del Espíritu que da vida. Solo cuando ella se alegra de su propia pobreza es libre para servir a Cristo y solo a él.

La amenaza más profunda a esa libertad es el miedo: miedo de reconocer el pecado y la corrupción; miedo de perder la influencia y la seguridad; miedo de perder el control y el poder. Francisco subraya en todos sus escritos esta tentación. He ahí por qué la Iglesia necesita vivir constantemente más allá de sí misma, en el sacrificio y en el amor que se entrega para la vida del mundo. Como expresó claramente el Concilio Vaticano II en la constitución *Lumen gentium*, esta no es solamente la forma del discipulado que plasma cada vida cristiana, sino que es la forma de la santidad a la que todos estamos llamados, independientemente de la dirección que puedan tomar nuestra vida y nuestras relaciones. Esto vale en particular para las vocaciones al sacerdocio y a la vida religiosa.

El clericalismo finge proteger el sacramento del sacerdocio. En realidad, lo instrumentaliza, poniéndolo no a disposición de Dios o de la comunidad, sino exclusivamente en beneficio de sí mismo. Esta es la gran tentación de todo don de un oficio, sea laico o eclesiástico, y el único modo de resistirse a ella es procurar vivir con una conciencia interior de nuestra pobreza, con una actitud habitual de humildad y con un sentimiento de gratitud por el don que se nos ha confiado. Esto es evidente en la vida de muchos sacerdotes y religiosos (hombres y mujeres) ofrecida en el «óbolo de la viuda» de un servicio humilde. En este sentido, la conversión no es un hecho súbito, sino un proceso que dura toda la vida y que exige oración —en los momentos buenos, en los malos y en los de tedio—, honestidad, humildad, valentía y fe. Cuanto más profundo es el amor que tenemos por Cristo y por el mundo creado y redimido en él, mejor sabremos remover todo aquello que constituya un obstáculo para él y para su obra.

Bajo el impulso de este amor la Iglesia pedirá constantemente al Espíritu que renueve y dilate su vida, para que ella pueda vivir más plenamente el *semper maior* de un amor generoso. Este es el proceso del que Francisco ha hablado en todos sus escritos y en todas sus homilías. Él considera que la Iglesia no es solamente una estructura institucional, sino una estructura hecha de personas. Si las estructuras son relaciones y estas deben reflejar la economía de la verdad, de la gracia y del amor de Dios, entonces esa economía debe estar arraigada en la vida y en las relaciones de todos los miembros de la Iglesia.

El Espíritu del recuerdo y de la intercesión

El Espíritu es el que recuerda a la mente todas las cosas y, al hacerlo, también intercede. En el acto de «recordar», el Espíritu Santo toma nuestra narración y la coloca dentro de la narración de Cristo, es decir, en la historia de la salvación. Como dice el salmista: «Tu luz nos hace ver la luz» (Sal 36,10). La obra de transposición y de interpretación del Espíritu hace que la gracia reconciliadora y liberadora de Cristo sea accesible y esté activa en el seno de la atormentada historia de la humanidad. De ese modo, el Espíritu garantiza la justicia última de Dios a fin de que ningún sufrimiento inocente se pierda o desvalorice nunca, sino que sea iluminado y resplandezca en las tinieblas.

En Cristo crucificado y resucitado la Iglesia ve a cada víctima y sus heridas y, a través de la acción del Espíritu Santo, toda celebración eucarística es una anamnesis suya y de ellos, hechos presentes ante nosotros ahora y en cada momento ya pasado o futuro. Se trata, en realidad, de una memoria peligrosa, porque subvierte las estrategias de evitación y supresión. Se invierten así los valores de todas las jerarquías de poder y, como explica la carta del papa Francisco, el Señor nos muestra «de qué parte quiere estar». Cada vez que el sacerdote que abusa celebra la eucaristía se encuentra en esa luz penetrante que manifiesta todo lo que está escondido: se encuentra con este Señor y, en él, con las víctimas de sus mismos abusos.

A través de la epíclesis del Espíritu Santo la comunidad entera está presente tanto en el testimonio como en la intercesión, porque el Espíritu es también el creador de tal solidaridad. «Solidaridad» no quiere decir que asumimos la responsabilidad perteneciente al agresor, sino el sufrimiento de las víctimas, decidiendo escuchar su grito y buscar justicia para ellos. Nos hacemos sus apoyos en la oración y en la vida. De ese modo podemos comenzar a experimentar la gracia profunda de la vida de la Iglesia y su esperanza, la verdadera «comunión de los santos», para quienes la intercesión es una verdadera obra de reparación. La comunidad llena de fe de la eucaristía y de la intercesión hace brillar sobre el camino largo, oscuro y tortuoso de la historia una luz que cura y que guía, un signo de que el reino está ya presente. No podemos amar a Cristo si no amamos a su Iglesia, no importa cuán desfigurada y debilitada esté, pero nunca abandonada por el Espíritu, que habita con la comunidad y, como la *šekinah*, la llena de una gloria que sanará al mundo.

El Espíritu de consolación y de vida nueva

No hay barreras para el Espíritu Santo. Ni siquiera el mundo secular, que no quiere dejar espacio para Dios, puede ser separado del Espíritu. Más aún, el mundo puede convertirse en el instrumento del mismo Espíritu. ¿Acaso no ha sido este mundo secular el que reconoció la responsabilidad de la Iglesia cuando ella no lograba hacerlo por sí sola? ¿No son acaso los tribunales y organismos seculares los que han enseñado a la Iglesia la necesidad de la transparencia, sin la cual no puede haber credibilidad? A través de tales instituciones del Estado, el Espíritu enseña a la Iglesia a «decir enérgicamente no a cualquier forma de clericalismo». También el mundo secular impulsa a la Iglesia a la conversión, a ser una Iglesia de la que sea posible fiarse y en la cual se pueda creer.

Incluso a riesgo de posibles generalizaciones y distorsiones, la Iglesia ha confiado hasta ahora en cambios técnicos para hacer frente a la crisis de los abusos: procedimientos, protocolos, estructuras jurídicas, etc. Estos medios son necesarios, pero no cambiarán una cultura; son los signos necesarios de la conversión, pero no son la conversión misma. En efecto, pueden convertirse en sus sustitutos. El Papa está comprometido en algo mucho más difícil: llama a aquel profundo cambio adaptativo exigido por la conversión. Tal cambio no es una amenaza para la esencia y para la verdad de la Iglesia, sino que, antes bien, las restablece.

Francisco nos pide ir mucho más allá de la mera salvaguardia de los programas, procedimientos y estructuras disciplinarias, por necesarias que sean, sin duda alguna. El Papa, servidor del Concilio, reconoce que debemos renovar la cultura eclesial creando un sacerdocio y un episcopado que sean conformes al sacramento en el que se fundan. Habrá que desarrollar nuevas estructuras que manifiesten estos valores, encarnen la justicia y la compasión y protejan a todas las partes de la falsedad y de la explotación. Tales estructuras deberán reflejar una efectiva subsidiariedad dentro de la vida de la Iglesia y una apertura a las competencias, independientemente del género o del estatus eclesial. El Espíritu tiene que poder penetrar cada aspecto de la vida de la Iglesia, y eso requerirá una disponibilidad para discernir y para aprender de todas las fuentes.

Este es el cambio adaptativo de la conversión que incluye un nuevo hábito. Un cambio semejante es siempre el más difícil y el más doloroso. Quienes lo apoyan o dirigen correrán a menudo el peligro de ser rechazados o de convertirse en chivos expiatorios. Este cambio nos impone afrontar la verdad y no echar la culpa a otros; nos obliga a no eludir el proceso con «soluciones provisionales» para evitar dolor o embarazo. Nos impulsa a otro nivel de percepción y de comprensión para ir más allá de lo que para nosotros es familiar y cómodo y permitir que nuestra mente y nuestro corazón sean renovados hasta que comencemos a tener «la mente de Cristo» (1 Cor 2,16). Todo esto lleva tiempo; requiere la gracia de la fortaleza de espíritu y de la perseverancia, pero también la fe en el Pueblo de Dios y en los carismas que el Espíritu le ha concedido con tanta abundancia.

Hay muchos que quieren resistirse al cambio adaptativo de la conversión. Tal vez están convencidos de que este cambio no es necesario, o que hace falta una reforma restauradora más que una *metánoia* (conversión) institucional. No obstante, no se puede huir de la realidad que la Iglesia está afrontando en el presente. Los que creen poder restablecer la dignidad de la Iglesia o la de sus sacerdotes vistiéndose con un ropaje cada vez más suntuoso, confundiendo la liturgia con el teatro, pensando que, de alguna manera, Dios está más atento a un «lenguaje sacro» que a la oración sin adornos de los *anauim*, de los pobres en el espíritu, corren el peligro de ser los guardianes de un sepulcro vacío. Son sordos a las palabras del ángel: «¿Por qué buscáis entre los muertos al que vive? (Lc 24,5). Han olvidado el lenguaje de Dios que viene «por nosotros», trascendente en su misma pobreza y simplicidad, y cuya dignidad reside en lavarnos los pies.

Cristo resucitado no es el prisionero de la historia, sino su Señor y salvador. Una Iglesia que lo confiesa y que lo sigue debe comprender que, para ser fieles a Cristo en la historia, debemos cambiar nosotros mismos para cambiar la historia. Esta es la condición de la existencia misma y de la misión de la Iglesia: testimoniar de manera más clara y más eficaz al Señor, el único que puede curar y restablecer lo que es humano en un mundo que está tratando desesperadamente de recordar qué es lo humano. La carta del Papa traza el camino que debemos emprender si amamos sinceramente a la Iglesia, el cuerpo de Cristo, y creemos en su misión.

CARTA AL PUEBLO DE DIOS

20 de agosto de 2018

Si un miembro sufre, todos sufren con él» (1 Co 12,26). Estas palabras de san Pablo resuenan con fuerza en mi corazón al constatar una vez más el sufrimiento vivido por muchos menores a causa de abusos sexuales, de poder y de conciencia cometidos por un notable número de clérigos y personas consagradas. Un crimen que genera hondas heridas de dolor e impotencia; en primer lugar, en las víctimas, pero también en sus familiares y en toda la comunidad, sean creyentes o no creyentes. Mirando hacia el pasado nunca será suficiente lo que se haga para pedir perdón y buscar reparar el daño causado. Mirando hacia el futuro nunca será poco todo lo que se haga para generar una cultura capaz de evitar que estas situaciones no solo no se repitan, sino que no encuentren espacios para ser encubiertas y perpetuarse. El dolor de las víctimas y sus familias es también nuestro dolor, por eso urge reafirmar una vez más nuestro compromiso para garantizar la protección de los menores y de los adultos en situación de vulnerabilidad.

1. *Si un miembro sufre*

En los últimos días se dio a conocer un informe donde se detalla lo vivido por al menos mil sobrevivientes, víctimas del abuso sexual, de poder y de conciencia en manos de sacerdotes durante aproximadamente setenta años. Si bien se puede decir que la mayoría de los casos corresponden al pasado, sin embargo, con el correr del tiempo hemos conocido el dolor de muchas de las víctimas y constatamos que las heridas nunca desaparecen y nos obligan a condenar con fuerza estas atrocidades, así como a unir esfuerzos para erradicar esta cultura de muerte; las heridas «nunca prescriben». El dolor de estas víctimas es un gemido que clama al cielo, que llega al alma y que durante mucho tiempo fue ignorado, callado o silenciado. Pero su grito fue más fuerte que todas las medidas que lo intentaron silenciar o, incluso, que pretendieron resolverlo con decisiones que aumentaron la gravedad cayendo en la complicidad. Clamor que el Señor escuchó demostrándonos, una vez más, de qué parte quiere estar. El cántico de María no se equivoca y sigue susurrándose a lo largo de la historia porque el Señor se acuerda de la promesa que hizo a nuestros padres: «Dispersa a los soberbios de corazón, derriba del trono a los poderosos y enaltece a los humildes, a los hambrientos los colma de bienes y a los ricos los despide vacíos» (Lc 1,51-53), y sentimos vergüenza cuando constatamos que nuestro estilo de vida ha desmentido y desmiente lo que recitamos con nuestra voz.

Con vergüenza y arrepentimiento, como comunidad eclesial, asumimos que no supimos estar donde teníamos que estar, que no actuamos a tiempo reconociendo la magnitud y la gravedad del daño que se estaba causando en tantas vidas. Hemos descuidado y abandonado a los pequeños. Hago mías las palabras del entonces cardenal Ratzinger cuando, en el *Via Crucis* escrito para el Viernes Santo de 2005, se unió al grito de dolor de tantas víctimas y, clamando, decía: «¡Cuánta suciedad en la Iglesia y entre los que, por su sacerdocio, deberían estar completamente entregados a él! ¡Cuánta soberbia, cuánta autosuficiencia! [...] La traición de los discípulos, la recepción indigna de su Cuerpo y de su Sangre, es ciertamente el mayor dolor del Redentor, el que le traspasa el corazón. No nos queda más que gritarle desde lo profundo del alma: *Kyrie, eleison* – Señor, sálvanos (cfr. Mt 8,25)» (Novena Estación).

2. *Todos sufren con él*

La magnitud y gravedad de los acontecimientos exige asumir este hecho de manera global y comunitaria. Si bien es importante y necesario en todo camino de conversión tomar conocimiento de lo sucedido, esto en sí mismo no basta. Hoy nos vemos desafiados como Pueblo de Dios a asumir el dolor de nuestros hermanos vulnerados en su carne y en su espíritu. Si en el pasado la omisión pudo convertirse en una forma de respuesta, hoy queremos que la solidaridad, entendida en su sentido más hondo y desafiante, se convierta en nuestro modo de hacer la historia presente y futura, en un ámbito donde los conflictos, las tensiones y especialmente las víctimas de todo tipo de abuso puedan encontrar una mano tendida que las proteja y rescate de su dolor.[1] Tal

1 Cfr. Exhortación apostólica *Evangelii gaudium*, 228.

solidaridad nos exige, a su vez, denunciar todo aquello que ponga en peligro la integridad de cualquier persona. Solidaridad que reclama luchar contra todo tipo de corrupción, especialmente la espiritual, «porque se trata de una ceguera cómoda y autosuficiente donde todo termina pareciendo lícito: el engaño, la calumnia, el egoísmo y tantas formas sutiles de autorreferencialidad, ya que «el mismo Satanás se disfraza de ángel de luz (2 Co 11,14)».[2] La llamada de san Pablo a sufrir con el que sufre es el mejor antídoto contra cualquier intento de seguir reproduciendo entre nosotros las palabras de Caín: «¿Soy yo el guardián de mi hermano?» (Gn 4,9).

Soy consciente del esfuerzo y del trabajo que se realiza en distintas partes del mundo para garantizar y generar las mediaciones necesarias que den seguridad y protejan la integridad de niños y de adultos en estado de vulnerabilidad, así como de la implementación de la «tolerancia cero» y de los modos de rendir cuentas por parte de todos aquellos que realicen o encubran estos delitos. Nos hemos demorado en aplicar estas acciones y sanciones tan necesarias, pero confío en que ayudarán a garantizar una mayor cultura del cuidado en el presente y en el futuro.

Conjuntamente con esos esfuerzos, es necesario que cada uno de los bautizados se sienta involucrado en la transformación eclesial y social que tanto necesitamos. Tal transformación exige la conversión personal y comunitaria, y nos lleva a mirar en la misma dirección que el Señor mira. Así le gustaba decir a san Juan Pablo II: «Si verdaderamente hemos partido de la contemplación de Cristo, tenemos que

2   Exhortación apostólica *Gaudete et exsultate*, 165.

saberlo descubrir sobre todo en el rostro de aquellos con los que él mismo ha querido identificarse».[3] Aprender a mirar donde el Señor mira, a estar donde el Señor quiere que estemos, a convertir el corazón ante su presencia. Para esto ayudará la oración y la penitencia. Invito a todo el santo Pueblo fiel de Dios al *ejercicio penitencial de la oración y el ayuno* siguiendo el mandato del Señor,[4] que despierte nuestra conciencia, nuestra solidaridad y compromiso con una cultura del cuidado y el «nunca más» a todo tipo y forma de abuso.

Es imposible imaginar una conversión del accionar eclesial sin la participación activa de todos los integrantes del Pueblo de Dios. Es más, cada vez que hemos intentado suplantar, acallar, ignorar, reducir a pequeñas élites al Pueblo de Dios construimos comunidades, planes, acentuaciones teológicas, espiritualidades y estructuras sin raíces, sin memoria, sin rostro, sin cuerpo, en definitiva, sin vida.[5] Esto se manifiesta con claridad en una manera anómala de entender la autoridad en la Iglesia —tan común en muchas comunidades en las que se han dado las conductas de abuso sexual, de poder y de conciencia— como es el clericalismo, esa actitud que «no solo anula la personalidad de los cristianos, sino que tiene una tendencia a disminuir y desvalorizar la gracia bautismal que el Espíritu Santo puso en el corazón de nuestra gente».[6] El clericalismo, favorecido sea por los propios sacerdotes como por los laicos, genera una

---

3 Carta apostólica *Novo millennio ineunte*, 49.
4 «Esta clase de demonios solo se expulsa con la oración y el ayuno» (Mt 17,21).
5 Cfr. *Carta al Pueblo de Dios que peregrina en Chile, supra*, pp. 147-157.
6 *Carta al Cardenal Marc Ouellet, Presidente de la Pontificia Comisión para América Latina* (19 marzo 2016).

escisión en el cuerpo eclesial que beneficia y ayuda a perpetuar muchos de los males que hoy denunciamos. Decir no al abuso es decir enérgicamente no a cualquier forma de clericalismo.

Siempre es bueno recordar que el Señor, «en la historia de la salvación, ha salvado a un pueblo. No existe identidad plena sin pertenencia a un pueblo. Nadie se salva solo, como individuo aislado, sino que Dios nos atrae tomando en cuenta la compleja trama de relaciones interpersonales que se establecen en la comunidad humana: Dios quiso entrar en una dinámica popular, en la dinámica de un pueblo».[7] Por tanto, la única manera que tenemos para responder a este mal que viene cobrando tantas vidas es vivirlo como una tarea que nos involucra y compete a todos como Pueblo de Dios. Esta conciencia de sentirnos parte de un pueblo y de una historia común hará posible que reconozcamos nuestros pecados y errores del pasado con una apertura penitencial capaz de dejarse renovar desde dentro. Todo lo que se realice para erradicar la cultura del abuso de nuestras comunidades, sin una participación activa de todos los miembros de la Iglesia, no logrará generar las dinámicas necesarias para una sana y realista transformación. La dimensión penitencial de ayuno y oración nos ayudará como Pueblo de Dios a ponernos delante del Señor y de nuestros hermanos heridos, como pecadores que imploran el perdón y la gracia de la vergüenza y la conversión, y así elaborar acciones que generen dinamismos en sintonía con el Evangelio. Porque «cada vez que intentamos volver a la fuente y recuperar la frescura del Evangelio, brotan nuevos caminos, métodos creativos, otras formas de

---

7 Exhortación apostólica *Gaudete et exsultate*, 6.

expresión, signos más elocuentes, palabras cargadas de renovado significado para el mundo actual».[8]

Es imprescindible que como Iglesia podamos reconocer y condenar con dolor y vergüenza las atrocidades cometidas por personas consagradas, clérigos e incluso por todos aquellos que tenían la misión de velar y cuidar a los más vulnerables. Pidamos perdón por los pecados propios y ajenos. La conciencia de pecado nos ayuda a reconocer los errores, los delitos y las heridas generadas en el pasado y nos permite abrirnos y comprometernos más con el presente en un camino de renovada conversión.

Asimismo, la penitencia y la oración nos ayudará a sensibilizar nuestros ojos y nuestro corazón ante el sufrimiento ajeno y a vencer el afán de dominio y posesión que muchas veces se vuelve raíz de estos males. Que el ayuno y la oración despierten nuestros oídos ante el dolor silenciado en niños, jóvenes y minusválidos. Ayuno que nos dé hambre y sed de justicia e impulse a caminar en la verdad apoyando todas las mediaciones judiciales que sean necesarias. Un ayuno que nos sacuda y nos lleve a comprometernos desde la verdad y la caridad con todos los hombres de buena voluntad y con la sociedad en general para luchar contra cualquier tipo de abuso sexual, de poder y de conciencia.

De esta forma podremos transparentar la vocación a la que hemos sido llamados de ser «signo e instrumento de la unión íntima con Dios y de la unidad de todo el género humano».[9]

«Si un miembro sufre, todos sufren con él», nos decía san Pablo. Por medio de la actitud orante y penitencial

---

8   Exhortación apostólica *Evangelii gaudium*, 11.
9   Concilio Ecuménico Vaticano II, Constitución dogmática *Lumen gentium*, 1.

podremos entrar en sintonía personal y comunitaria con esta exhortación para que crezca entre nosotros el don de la compasión, de la justicia, de la prevención y reparación. María supo estar al pie de la cruz de su Hijo. No lo hizo de cualquier manera, sino que estuvo firmemente de pie y a su lado. Con esta postura manifiesta su modo de estar en la vida. Cuando experimentamos la desolación que nos produce estas llagas eclesiales, con María nos hará bien «instar más en la oración»,[10] buscando crecer más en amor y fidelidad a la Iglesia. Ella, la primera discípula, nos enseña a todos los discípulos cómo hemos de detenernos ante el sufrimiento del inocente, sin evasiones ni pusilanimidad. Mirar a María es aprender a descubrir dónde y cómo tiene que estar el discípulo de Cristo.

Que el Espíritu Santo nos dé la gracia de la conversión y la unción interior para poder expresar, ante estos crímenes de abuso, nuestra compunción y nuestra decisión de luchar con valentía.

FRANCISCO

---

10 *Ejercicios Espirituales*, 319.